JN336913

世界資本主義と共同体

原子力事故と緑の地域主義

渋谷要
Shibuya Kaname

社 会 評 論 社

世界資本主義と共同体　原子力事故と緑の地域主義＊目次

第六章●ロシア農耕共同体と世界資本主義

序論●フクシマ三・一一事態と「赤と緑の大合流」
二〇一一年震災以後の生き方を教えるいいだももと廣松渉の反原発論考

●はじめに

「世界資本主義と共同体」の名称を持つ本書は、著者にとって六年ぶりの単著刊行となるものである。タイトルの「世界資本主義」とは、資本主義の世界的諸関係を一般に総称した表現であり、マルクス経済学の中にある「世界資本主義」論という特定の学説をとる学派などを指示するような学派的な意味は含んでいないものとしてある。また「共同体」とは、この世界資本主義に対する対抗原理として本論が措定した〈共同体〉という意味である。別名を「緑の地域主義」と覚えていただくと本書は、その分、読みやすくなるだろう。

そして、世界資本主義が生み出したその「文明の遺産」としての「原子力事故」を想定していただければ、サブ・タイトルが「原子力事故と緑の地域主義」となっていることも理解していただけるはずだと、私としては思うものである。

〇六年に刊行した『国家とマルチチュード』、〇七年に刊行した『ロシア・マルクス主義と自由』、そして〇八年に刊行した『アウトノミーのマルクス主義へ』では、廣松渉のマルクス主義〈改釈〉にもとづき、エンゲルス理論やスターリン主義に淵源する社会主義の生産力主義と国権主義を乗り越えた、エコロジーとコミュニズムとをフレンドに合作した見解を示せたと考えている。

だがしかし、後述するように、頭の片隅には、もう一つ深いところでの融合が図れないか、との思いを禁じ得なかった。その思いは、二〇一一年の福島原発事故以降、ますます、強くなっていった。その思いの一端を浮き彫りにできたのが、本書である。

そのことを、一言で言い表すならば、環境破壊を止揚する機制とは何かということであり、環境破壊の経済システムの元凶であるグローバリズムを、地域のコミュニティのなかに埋め込むこと、グローバリズムを〈緑の地域主義〉（共同体）でいくつにも分離することである。

それらは、本文で一章を設けたように、ラトゥーシュの「脱成長」の論脈から著者が学んだものであり、それをマルクス経済学の「価値論」（第二章）と共同体論（第六章など）で、主体的に摂取したものが、本書の独自性だということになるだろう。そうした地域主義のシステムのなかで、全原発廃炉などの緑の課題も実現する。そうしたことを読み解いてゆくのが、本書の論述の中で目指されているものにほかならない。

●——いいだももの「赤と緑の合流」論

一九八五年一一月におこなわれた「社会主義理論フォーラム」という集まりで、ひときわ有名になったのが「赤と緑」というテーマであった。それは「エコロジーと自治」という分科会などで話題となった。そこで「エコロジーとマルクス主義の大合流」という見地を提起したのが、いいだももであり、いいだももを編集代表とするわが『季刊・クライシス』（私は第三期八四年以降の編集委員）であった。そのクライシス運動が一つの軸となって開催したのが、社会主義理論フォーラムだ。詳しくはいいだももの書いた『赤と緑——社会主義とエコロジスム』（緑風出版、一九八六年）をみてほしい。

それから月日は流れた。もうあれから二八年がたつ（二〇一三年現在で）。そして、「エコロジズムに注目せよ、赤と緑の大合流を」と言っていた、いいだももは老衰のため、三・一一東日本大震災の直後、他界した。いいだももの、そして、いいだももが着目した「生態史観と唯物史観」を問題にした廣松渉（彼らは一九九〇年代、廣松が九四年に他界するまで、文化団体「フォーラム90ｓ」で共同していた）の反原発論考をつうじて、三・一一以降の私にとっての生き方を模索したいと考えるものである。

●――「赤」を本質的に制約する「緑」的分析視角――エントロピー問題

いいだももの「赤と緑」とは彼にとって、どのようなイデオロギー的な関係にあったかを、見ることから始めよう。例えばいいだももは、一九八六年に出した文献でつぎのようにのべている。「河宮信郎『エントロピーと工業社会の選択』(海鳴社刊)がのべているように、技術の本質は〈物質やエネルギーの形態を変換する〉ものにすぎず、〈物質やエネルギーを生成・消滅させることができない〉以上、そしてまた、エネルギー変換において無効エネルギーUから有効エネルギーAへの可逆的変換は不可能であり、エネルギー変換は第一法則の物質保存則を等価変換としてみたすものの質的には一方的に劣化していかざるをえないものである以上(つまり、熱力学第二法則「エントロピー(廃物・廃熱)増大の法則」が不可避である以上――引用者)、この根源的にエコロジカルな制約は、成長神話にとりつかれた現代資本主義の工業文明を限界づけているとともに、そのオルタナティブとしての将来社会＝社会主義・共産主義の在り方をもあらかじめ制約している、ということができるでしょう」(前掲『赤と緑』、二〇〇頁)。ここが、いいだももが「赤と緑」が合流しなければならないと考えるポイントなのだと私は思う。

だが、これまでのソ連・中国をはじめとした社会主義・スターリン主義は、そういう自覚がなく、資本主義の生産力の「質」を問題にしない「国家生産力主義」(その用語は例えば彼の『エコロジーとマルクス主義』、緑風出版、一九八二年、七七頁などに見い出される)として存在しているというのが一九八〇年代のいいだももの時代認識のうちにあったことなのである。

●——河宮信郎の環境負荷の分析について

科学技術の環境負荷を研究してきた河宮信郎についてだが、いいだももが援用した河宮の文献では、どのようにのべていたのかを見ることにしよう。

例えば原子力を例にとろう。石油、石炭、天然ガスのエントロピー（廃物・廃熱）に対して、原子力は「原鉱の品質が低い（高エントロピー）のためウランの精錬から発電まで、および発電設備建設から核廃棄物管理までに非常なエネルギー投入が必要」で、原発のすべての過程からでる放射線は「生態系の遺伝情報を破壊するという点で、最も悪質な〝エントロピー〟源をなす」（『エントロピーと工業社会の選択』、海鳴社、一九八三年、二八〜二九頁）とのべている。

当時は、あまり具体的にはわからなかったことかもしれないが、ヒロシマ、ナガサキ、フクシマといわれるに至っている福島第一原発で発生した、二〇一一年三・一一フクシマ原発事故の一連の事態を経験しているわれわれには、その核廃棄物の処理の困難さがわかってきている。それは、天文学的に膨大な額の管理費用の必要を生み出している。そんな事故がなくても、「原発はトイレのないマンション」といわれ、核燃料廃棄物の問題は、あとまわしにされてきたのが現実だ。そこでいろいろな技術開発が考えられたが、原発の燃料が最悪のエントロピー源であることにかわりなく、原発内で働く人々の被ばく労働の実態なども世の中に知らされてゆく中で、原発それ自体を憂慮する人々の手によって反原発運動がたたかわれてきたのである。

河宮はそこでまた、次のようにのべている――これが一九八三年の文献であることに注意してほしい――。

「CO2濃度は大気の熱特性を大きく変化させる。……平均気温が一度Kでも上昇すれば、地球の砂漠化を加速するであろうし、そうでなくても気象の不安定の原因となる。このため、おそらく二一世紀中に、CO2排出規制が必要となるであろう」（同前、三〇頁）と。

そしてこの河宮の予測は、二〇世紀中に的中した。このように、原発に限らず、今や工業化社会のパラダイムがそもそも反省されなくてはならないのであり、全原発の廃炉と石油文明の工業化社会のパラダイム転換とは同じ問題なのである。

この河宮のエントロピー分析と相即するように、いいだももは考えたのだということだ。

＊「地球温暖化説は原発推進派の論理」とするなどの観点があるが、本論ではこの点には立ち入らないものとする。また、この問題については拙著では『アウトノミーのマルクス主義へ』社会評論社、第Ⅲ部「エントロピー概念とグローバル工業化社会――環境問題と階級意識」を参照してほしい。

この場合、放射能のエントロピーを考えるうえで、核力の問題がある。化石燃料とおなじようには考えられないという事だ。

科学的に言えば次のようになるだろう。

「原発の放射性廃棄物が、有毒な放射線を放出するという性質は、原子核の性質つまり核力による陽子と中性子の結合のもたらす性質であり、それは化学的処理で変えることはできない。つまり放射性物質を無害化することも、その寿命を短縮することも、事実上不可能である。というのも、原子力（核力のエネルギー）が化石燃料の燃焼熱（化学エネルギー）にくらべて桁違いに大きいことが原発の出力の大きさをもたらしているのであるが、そのことは、同時に核力による結合が化学結合にくらべて同時に桁違いに強いことを意味し、そのため人為的にその結合を変化させることがきわめて困難だからである」（山本義隆『福島の原発事故をめぐって　いくつか学び考えたこと』、みすず書房、二〇一一年、三二頁）ということだ。

簡単に言ってしまうならば「除染」をしようが、何をしようが、放射能は消えず、移動するだけなのである。もちろん「半減期」はあるが、例えばセシウム一三七なら約三〇年もあるわけだ。これが放射能汚染のポイントである。

●――スターリン主義の国家生産力主義とは何であったか

いいだももは、「国家生産力主義」を次のように論じている。彼は「社会民主主義」が「資本主義的生産力の客観的進歩に全面的に依存する没主体的な待機主義（資本主義の自動崩壊論）ないしは構造的改良主義に帰結」すると批判したのち、次のように言う（この文献はチェルノブイリ原発事故の前に刊行されたもの）。

「そのスターリン主義的＝ソ連邦マルクス主義的形態は、生産手段の国有化と国家計画経済を至上の社会主義的基準とみなして、物財のGNP生産力指標において『アメリカに追いつき・追いこす』ことを至上の共産主義的目標とみなす没主体的な国家崇拝（国有化社会主義の自動進化論）ないしは覇権主義に帰結した、とみていいでしょう」。それは「今日の〈エコロジー問題〉、すなわち、近代資本主義工業文明に独特な価値形態による人間と自然との物質代謝の商品社会的編成（そのような近代主義的価値基準を共有しているかぎり土地国有化を実現した国家社会主義的編成も同じくまた）がその本性上はらんでいる根本的困難に起因するエコ・システムの破壊問題（本論の前節のエントロピー問題を想起せよ――引用者）を、真に克服し解決するような人民的構想力に関するかぎり、それを原理的に欠いている、とみなければならないでしょう」（前掲『赤と緑』、一三八～一三九頁）と。

それは「階級闘争学説としてのマルクス主義のそのような生産力主義的歪曲は、人間と自然との全関係そのものをも、『人間の自然に対する闘争』としての技術的生産というブルジョア的枠組に切り縮め、変容させることによって、エコロジーの観点そのものを蒸発させてしまわざるをえないことになります」（同前、一四一頁）と表明したのである。

いいだももは、そういう原理的観点から、例えば中国の核開発を次のように批判したのであった。

「近代文明システムのなかで偏倚的成長の極限に達した資本の生産力の質を問うことのない、大量生産・大量消費・大量廃棄型の現代文明の工業と生活の質を問うことのない、そのような経済主義的・生産力主義的な『反革命修正主義路線』は、やがて中国社会主義をも『社会主義商品経済』の『開放体制』へと変質させるにいたりました」。

そこで、いいだももは、一九八〇年に発足した中国原子力学会第一回代表大会における姜聖階報告「エネルギー源における核エネルギーの地位およびわが国の核エネルギー開発の道」を紹介している。

「世界では二十二の国と地域が運転中の発電原子炉を二百二十一基保有している。全世界の総発電量に占める原発発電量の割合は現在すでに八%に達していて、二〇〇〇年には四五%前後に達するものと予想されている。その安全性・信頼性は、すでに実践的検証をへている。石炭・石油と比べて、原発の環境への汚染は最も小さく（おお！――引用者）、最もきれいなエネルギー源である（河宮論文との違いを想起せよ！――引用者）。実践が立証しているように、原発は非常に安全なエネルギー源である」というものだ。いいだももはそれを、「スリーマイル島事故によって『安全性』は確認された?!」と皮肉っている（同前、二一六～二一七頁）。

●――エントロピー（廃物・廃熱）収支を考えない資本主義市場経済

ここで哲学者・廣松渉（一九三三～九四年）に登場願おう。いいだももは述べている。

「『新左翼運動の一環として、いわゆるエコロギストの登場が顕揚されるべき』とする廣松渉氏が、最新の『生態史観と唯物史観』（『現代の眼』七八年度連載）において、ヘッケルによる〝エコロギー〟というカテゴリーの新造が『資本論』第一巻の公刊当時である以上、マルクス＝エンゲルスは、もとより生態学体系を知る由もなかったが、『人間と自然とのこの社会的な「物質代謝過程」（マルクス）は、まさしく生態学的なベグライフェン（概念的把握――引用者）を前提とする』としているごとくなわけです。……『「生態学的史観」の意相の若干については、これを唯物史観の構造的契機として包摂し得る』のであり、そのさい、『〈間人間的―対自然的〉な生態系的統一態＝「歴史」の措定は、近代哲学流の地平の超出、そのパラダイムの排却と相即すること』が留意されなければならないとされます」（前掲『エコロジーとマルクス主義』、一五四頁）。

ここでは「生態学」の問題を原発問題に絞り込み、廣松の反原発論考を考えることにしたい。そこで廣松は資本主義市場経済の論理はエントロピー支出に無自覚だとして、資本主義市場経済と原発開発との連関を論じているのである。

一九八六年、廣松は先のいいだももの紹介にもあったように、『生態史観と唯物史観』（出版社ユニテ）を刊行した。それは、一九七八年、雑誌『現代の眼』に連載したものと、書き下ろしからなり、さらに「附論　生態学的価値と社会変革の理念」（初出は、『東北大学新聞』八一年十一月一日号掲載）が、載せられているものだ。その「附論」から引用する（引用は岩波書店『廣松渉著作集』第一一巻に所収のものから）。

「われわれは、今日、人口問題や資源問題もさることながら、環境破壊の問題に格別な意を払う必要がある。環境破壊の可能的危機の最たるものは、言うまでもなく、核戦争や原子力施設の大規模爆発である。……市場経済（これは端的に「資本主義市場経済」であろう――引用者）の論理、近代産業社会の論理は、人間生活にとって当座の有用物を獲得し、それにもとづいた経済的利潤を収めるさい、それの伴いうる生態学的なマイナス価値を考慮しない。市場経済的な価値基準でみてプラスでありさえすれば、それが人間生態学的な価値評価基準でみるときいかほどの正負の価値を伴うかなどということは顚《てん》から計算に入れることなく、そのまま動いてしまう。

その最たるものとして原子力発電を例にあげることができよう。原子力発電は、企業利得をもたらすにせよ、理論経済上の計算に即してさえ、必ずしも収支をつぐなわない。それが核兵器生産というスペンディング（浪費）の副次関連産業として営まれているかぎりで、原子力発電燃料（ウラン）の価格が比較的低い水準に抑えられている現状のもとですら、発電施設への厖大な投資の減価償却を勘考するとき、コストをペイしない。論者たちのうちには、石油や石炭のいわゆる化石エネルギー資源の枯渇に対処すべく、現在は赤字でも、先行的な研究・開発の投資として原子力発電事業が必要だと説く者もある。なるほど、市場経済の論理だけでみるかぎり、原子力の発電が将来ペイするようになることも一応は考えられる。

しかしながら、昨今の研究では、原子力発電が化石エネルギーの節約に真になりうるか否か、大いに疑問視されている。すなわち､原子力発電による一定量の電気エネルギーを取得するためには、採鉱・製錬、各種設備、廃棄物の退蔵管理などのために厖大なエネルギーを投入する必要があり、エネルギー収支（もちろん保存則が云々されるごとき純粋に物理学的次元でのそれではなく、産業的有効エネルギー収支）がつぐなわないのではないかとの疑問である。特に廃棄物の処理が深刻な問題になる。老廃した燃料棒だけではない。巨大な原子炉自身もやがて老朽化する。寿命のつきた原子炉自体放射能を帯びており、これを密封して、何百年、いな、何千何万年も保管しなければならない。宇宙空間にロケットで放出したり、海底プレートに埋め込むとしても、それはそれで莫大な費用がかかる。現状では、密封廃棄物が次々に累積されており、核廃棄物の最終的な処理の目途が立たぬまま、子孫に『ツケ』を廻している始末なのである。（この点については、高木仁三郎氏の一連の論著を参看されたい）。

市場経済の原理においては、金銭的価格次元での収支は勘案しても、エネルギー次元での収支を規矩《きく》とすべくもない、いわんや、エントロピー次元での収支など考慮すべくもない。しかるに、生態学的な価値評価基準からするとき、エントロピー次元でのバランスシートこそ真剣に考慮されるべき一要件である。（この件については、河宮信郎・槌田敦・室田武氏などの一連の論稿を参照されたい）。人間生態学的な危機を回避・超克するにあたっては、エントロピー次元でのこの件を自覚的に処理することが鍵となる」（二〇七～二〇九頁）というものだ。

●――二一世紀のコミュニズムは「エコロジカル・コミュニズム」だ

廣松渉はこのような市場経済と環境問題との連関を『今こそマルクスを読み返す』（講談社現代新書、一九九〇年）では次のように整理した。（紙数の関係上、指摘のみにとどめるが廣松の場合、以下の、コミュニズムとは、「国家」ではなく、「コミューン」＝民衆の自治・自主管理＝「自律」（アウトノミー）をルールとした社会だ）。

「未来共産主義社会においては、経済活動（生産・消費）の統制原理・評価原理が資本制的商品経済社会と決定的に異相のものとなり、『エコロジカルな価値』とも謂うべきものが規制原理になると思われます。

資本制的商品経済社会、この利潤追求社会にあっては、商品価値の形成・増大が、経済活動の駆動原理・評価原理になっておりますため、或る生産活動が環境破壊に通じようと資源枯渇に通じようと、要するに生態系に悪影響を及ぼしてエコシステムを紊乱しようと、意に介することなく、利潤さえ得られれば〝お構いなし〟の有様です。……だが、今や、それが明らかに限界に達し、生態系の危機を招来するに至っております。

共産主義社会は決して生産力第一主義ではありませんが（もしそうなら「固定化された分業の廃止」などスローガン化されるべくもありますまい）しかし、科学技術や生産力は未来にかけて一層発達して行くことでしょう。そこで、もし、資本主義時代のエートスや経済価値観が維持されたならば、人間生態系の破綻は必定です。とあれば、未来共産主義社会においては、生態系破壊を禁圧するエートスや評価規範が形成されることでしょう。それもおそらく、『エコロジカルな価値（正・負の価値）』が経済活動の基軸的な評価基準になるものと予料されます」（二五四〜二五五頁）。

原発問題などでの資本主義市場経済の問題を根底的に解決するのはコミュニズムであるということだろう。そしてまさに本論冒頭にしめしたような、いいだももが提起した「赤」を制約する「緑」的分析視角が、廣松においても問題とされているということである（原発と核武装の問題については本論では省略する）。

他方でエコロジカルなコミュニズムのイメージとして、いいだももは、次のような「大風呂敷」を広げて見せた。彼は西ドイツ「緑の党」や、さまざまなエコロジー運動との連帯を表明するとともに、そうしたエコロジカルな価値をもった共産主義運動の創生は、つぎのような、かつて二〇世紀のロシア―世界革命運動の矛盾を解決するものだと表明した。ここが「緑との合流」の意味では、肝心なところだと、私は思う。いいだももは言う。

「そのような（エコロジー運動とマルクス主義の合流――引用者）マルクス主義の現代的再生は、……現実的にもプロレタリア革命と農民革命＝土地革命、民族革命＝辺境革命との歴史的大合流としてのソヴェト革命（ロシア革命のこと――引用者）の政治的勝利にもかかわらず、ついに不幸な背反関係（ボリシェビキとの――引用者）においてしか処理することのできなかった〝緑の反乱〟がはらんでいた難問をも、真に〝赤旗〟のもとに解決できるような将来的展望をあきらかにしてゆくにちがいありません。わたしがここで、〝緑の反乱〟としておもいうかべているのは、ナロードニキとしてのエスエル左派の反乱、農民ゲリラにほかならなかったウクライナのマフノ一揆、党ぬきのソビエトを求めたクロンシュタット反乱（「党」一般ではなく「政治委員」＝コミサールによるソビエトの支配をやめろという要求だった――引用者）……等々にほかなりません。反面からいうならば、そのようなマルクス主義の現代的再生はまた、ソヴェト政権下でのアメリカ型生産力の導入にほかならなかった、レーニンの『テーラー・システム』導入以来の社会主義的工業建設が結局、生産原点におけるソヴェトの形骸化をもたらすにいたった難問をも解決してゆくものとなるにちがいありません」（前掲『エコロジーとマルクス主義』、一四七頁）。

まさに、いいだももはエコロジー的問題意識が、ボリシェビキと「不幸な背反関係」に陥り内ゲバとなっていった、緑の叛乱派との対立の実践的解決の展望を示すものだと述べている。

わたしも、それに大賛成だ。このことは今日、潰え去ったロシア・マルクス主義（――スターリン主義）の総括として、とらえ返されるべきことだ。

このようなエコロジカル・コミュニズムの価値創造のために、現在私たちがやる必要があることは、全原発の廃炉をめざし、福島事故原発の放射能汚染と徹底対決することである。民衆が自分たち一人一人の生命をまもるために放射能計測活動などをつうじて具体的に政府・東電による放射能汚染と闘い、政府・東電の事故収束政策を監視し、例えば彼らの賠償の幅を小さくする策動（例えば、食品の放射能の基準値を緩くすることで、生産者に対する政府・東電の賠償額を軽減してゆく政策。例えば野菜に対するセシウム一三七の値では、日本は一kg当たり一〇〇ベクレル、ウクライナは一kg当たり四〇ベクレル）などを批判し、被ばく地・「汚染地帯」からの子供たちの疎開をはじめとした、「ゼロ・ベクレル派」運動として、例えば西日本に移住を希望する人々の支援――「移住のアナキズム」（矢部史郎）と言われているもの――を実践してゆくことにある。それらの運動をつうじ、民衆の反核自治（民衆的共同性）をつくりだしてゆくことだ。

第一章●――人間生態系の破壊としての原発事故

『成長の限界』の限界

生態系とは、「ある地域の生物の群集とその背景となる無機的環境をひとまとめにし、物質循環、エネルギー流などに注目して機能系としてとらえたもの。地域により、海洋生態系・都市生態系・地球生態系などに分ける。エコシステム」というのが『広辞苑』の定義である。人間という種を中心に世界現相・地球現相を生態系として考えたものが、人間生態系（これ自体については、拙著なら『ロシア・マルクス主義と自由』社会評論社、スターリン主義を批判した第一章「スターリンの生産力概念と人間生態系の思想」を参照のこと）だ。

本論は、この人間生態系が、①どのように、原発事故によって放射性物質に汚染されるか、②その解決は、経済政策でコントロールできるか。この二点を考えるものである。

放射性物質による「汚染」は、経済のシステムの変革だけで解決できない過酷事故をおこしてきた。その最たるものが一九八六年のチェルノブイリ原発事故、そして二〇一一年の福島第一原発事故（この二つとも現在進行形）だ。しかし、経済学の中での「汚染」は、「外部不経済」として扱われ、基本的に、経済システムに内部化し、その解決をいかに計ってゆくか、政策転換をつうじていかに解決するかという政策論として、課題化されている。その一つの例が、一九七〇代初頭に発表された『成長の限界――ローマ・クラブ「人類の危機」レポート』（D・H・メドウズ他、ダイヤモンド社、一九七二年）だろう。

それは、その「人口」「資本」などのいろいろなデータ概念の中での一つの概念である「汚染」のあり方について、そうした経済政策の変更だけで「汚染」が解決できるという考えに立っており、資本主義的生産様式はそのままに、その「世界管理」システムのありかたを、むしろ模索するものとなっているといっていいだろう。

●――『成長の限界』の枠組み

例えばそれは次のような論理にまとめられるものである。

人口と資本が幾何級数的に増大する大量消費社会では、結局は再生可能な天然資源の枯渇によって社会システムの破局が進行する。「資源の価格が上がり、資源が底をつくにつれ、資源を得るために、ますます多くの資本がつぎ込まれなければならなくなり、将来の成長のために、投資する余裕はなくなってしまう」（『成長の限界』、一〇七～一〇八頁）。この場合、「一九〇〇年の資源埋蔵量を、二倍にした（計算をすると――引用者）。資源は、それほど急激には減らないので、今度は工業化は、もっと高いレベルにまで到達できる。しかしながら、拡大された工業施設が高い率で汚染をまき散らすので、環境の汚染吸収機構は飽和してしまう。汚染は死亡率の直接的な増加と、食糧生産の減少を起こしつつ急激に増加する。遂には資源は、はじめに利用可能な量を二倍にしたにもかかわらず、極度に枯渇してしまう」。「この場合、成長を止める第一の力は、汚染の急激の増加で、その原因は、環境の自然浄化能力に過度の負担がかかることにある。死亡率は、汚染と食糧不足から、急激に増加する。同時に資源は、利用可能量が倍増するにもかかわらず、ひどく枯渇することになるが、それは、数年間の工業の幾何級数的成長の継続が、これら余分の資源を消費してしまうのに十分だからである」(同前、一〇九〜一一〇頁)。

しかし「有限のシステムにおいても、幾何級数的成長をとめるようにはたらく、制約が存在するはずである」。成長によってつくりだされた問題への対処としては、いくつかのものが考えられるが、その一つは「その成長を生み出しつつある正のフィードバック・ループ*を弱めることであろう。そのような解決策は、近代社会のどこでも、ほとんど正当と認められることはなかったし、またおそらく有効に行われたこともなかった」(同前、一四〇〜一四一頁)。

*正のフィードバックループ(positive feedback loop)。閉じられているためにループ内の一つの要素の増大が一連の変化を引き起こし、結局、元の要素をさらに増大させるような因果関係の連鎖のこと。

だが「われわれは、世界を表現するモデルの結果としてつぎのようなものを探し求めている。すなわち、⑴突発的で制御不可能な破局を招くことがない持続性をもつこと、および⑵すべての人々の基本的な物質的要求を充足させる能力をもつこと、である」（同前、一四二頁）。これが汚染を拡大するモデルからの脱出口ということである（これ以降の詳しい分析は「注解」を参照のこと）。

●——核エネルギーの分析対象からの排除

だが、こうした分析枠組みから核エネルギーは除外されている。『成長の限界』については、そういう歴史的な被制約性を確認する必要があるのではないか。まさに「汚染」の中で、「放射能汚染」というものが、この計算ではあつかわれておらず、「放射能汚染」が生じる独立の汚染的な個性、独自的影響が、この計算に入れれば、もっと変わった予測が成り立つのではないかと、考えられるからだ。

例えばそれは、『成長の限界』がつぎのようにいう事と関わる事態だろう。

「核エネルギーの出現によって、単位当り工業生産の兵器汚染発生量がふえも減りもしないものと仮定した。核エネルギーの生態学的影響はまだ明らかになっていない。炭酸ガスや硫黄酸化物のような、化石燃料の消費に伴うある種の副産物が減少する反面、放射性副産物が増加する。資源再循環は、たしかに固形廃棄物やある種の毒性金属による汚染を減少させる。しかしながら、核エネルギーへの転換によっても、ほとんどの製造過程の副産物、熱汚染、農業によって生じる汚染等を含む他の大部分の種類の汚染に対しては、おそらくほとんどなんの効果もないだろう。しかしながら、核エネルギーさえも容易に利用しうるような社会は、技術的手段によって工業の汚染発生を防止しうると考えてもさしつかえないであろう」（一一六頁）などと、原発に対しニュートラルな分析がされていることに明らかだ。

本論では、「核エネルギーの生態学的影響はまだ明らかになっていない」ということは、今やまったく言えない時代になってしまったこと、そして、そこでは、これから展開するように、人口、資本、汚染の増加というものに対して、核エネルギーが独立の動きと影響とを形成していることの根拠となるものを見てゆくことになる。

本論では、それをテーマとして、二〇一一年三月の東日本大震災での東京電力・福島第一原子力発電所（以下、フクイチとする）のメルトダウン（炉心溶融）事故以降、「放射能汚染」に覆われた今日の日本の、まさに「一年間一ミリシーベルト」パラダイムが崩壊したいろいろな現相、具体例との関連で、「放射能汚染」の独自の「汚染」パラダイムを読み解いてゆくことにする。また、『成長の限界』をも批判的に応用しつつ、「予防原則」ということの徹底ということを、考察してゆきたい。

【1】放射能汚染――どのような「汚染」か

●――放射能汚染のパラダイム

論のはじめとして序章でも引用した次の一文が、本文の中心的なパラダイムをなすものだ。

「原発の放射性廃棄物が、有毒な放射線を放出するという性質は、原子核の性質つまり核力による陽子と中性子の結合のもたらす性質であり、それは化学的処理で変えることはできない。つまり放射性物質を無害化することも、その寿命を短縮することも、事実上不可能である。というのも、原子力（核力のエネルギー）が化石燃料の燃焼熱（化学エネルギー）にくらべて桁違いに大きいことが原発の出力の大きさをもたらしているのであるが、そのことは、同時に核力による結合が化学結合にくらべて同時に桁違いに強いことを意味し、そのため人為的にその結合を変化させることがきわめて困難だからである」（山本義隆『福島の原発事故をめぐって　いくつか学び考えたこと』、二〇一一年、みすず書房、三二頁）ということだ。

もう少し説明的なものを読んでおこう。「放射性物質から出るα、β、γ線のエネルギー値は核種に固有で、このエネルギーを測定することで核種を同定するのだが、このようなエネルギーはおよそ、〇・五KeV（キロエレクトロンボルト）ぐらいから七MeV（メガエレクトロンボルト）ほどの範囲という非常に高いエネルギーをもっている。これは核力が化学的エネルギーである電磁気力より大幅に強いからである。これを化学的エネルギーと比較すると、およそ数千から一〇〇万倍も大きい値である」（落合栄一郎『原爆と原発――放射能は生命と相容れない』、鹿砦社、二〇一二年、六〇頁）ということだ。

そこで、放射性物質の各種の「半減期」ということが、その原子力の特性を見てゆくにあたっての基準となる。

ここで本論で重要な各種の半減期を確認しておくことにしよう。

◎セシウム一三七　⑴半減期三〇年、⑵物理的に十分の一になる期間一〇〇年、⑶生物学的半減期（被ばくした人の体内での半減期）七〇日、⑷体内から九〇％が排出される期間二三一日。

◎ストロンチウム九〇　⑴二九年、⑵九六年、⑶四九年、⑷一六三年。

◎プルトニウム二三九　⑴二四〇〇〇年、⑵八〇〇〇〇年、⑶二〇〇年、⑷六六二年。

つまり、これを見てわかることは、フクイチの事故は放射性物質のばらまきによって、今も現在進行形でつづいているということであり、これまでにばらまかれた放射性物質は、これからも、右にしめした数値の期間は汚染をし続けるということである。

それでは人体にどのように、影響してくるのだろうか。

例えば「セシウム137は、カリウムという人体に必要な元素と性質が似ていることから体内に取り込まれやすく、全身に平均的に分布し、全身の筋肉や生殖器に蓄積され、癌や遺伝子障害の原因となります。……体内に取り込まれると取り除くのは自然排出しかなく困難で、排泄されてしまうまで一〇〇～二〇〇日かかり、放射線にさらされてしまいます。注意したいのは、排泄されてもセシウム137の影響は消えず、排泄物にセシウム137が移っただけということなのです。ストロンチウム90は、カルシウムと同じ挙動を取るため、体内に入ると骨に蓄積され、骨の癌や白血病を引き起こします。……プルトニウム239は『アルファ線』、ストロンチウム90は『ベータ線』、ヨウ素131とセシウム137は『ベータ線』と『ガンマ線』の両方を発しています。……内部被曝ではアルファ線、ベータ線が影響するので、注意したいのはヨウ素131やセシウム137のベータ線です。内部被曝の中でもっとも危険なのはアルファ線で、アルファ線を放出するプルトニウム239を体内に入れた場合は大変な被曝となります」（小出裕章『小出裕章が答える原発と放射能』、河出書房新社、二〇一一年、三九～四一頁）。

●──放射性物質と人体被ばく

以上のような放射性物質が、どのように人間に対して汚染を展開するのか、それは、「放射能汚染」が、どういうものかのパラダイムの中心を確認することでもある。本論冒頭で「放射能汚染」のパラダイムの中心のひとつとして確認した「核力」という問題と、それはパラレルな関係としてあるものだ。

ここでは、後述する「『予防原則』の適用の不可避性」の節にも引用したように、ＩＣＲＰ（国際放射線防護委員会）などが使っている「原子力計画において現在使われているリスクモデルが、

ＤＮＡの発見以前に作成されたという事実」がポイントである。放射能汚染が「遺伝情報」であるＤＮＡをどのように破壊するかが、そして、原発がそれに対してどのように安全なのかが立証されるまで――つまり、されないのであるが――運転を中止する――廃炉にする――ことが、倫理的に妥当であるということを論じる枠組みをつくってゆくということに、ここでの論述の主要な狙いが存在することを確認しておきたいと思う。

「放射線は生きている組織に対して、それを構成する細胞を形づくっている原子や分子を電離することを通じて、損傷をもたらす。……電離過程とは組織内の分子を構成している原子を互いに結びつけている化学結合を切断するものである。これらの引き裂かれた電離した断片は、再結合することもあるが、他の分子と結合して害を及ぼしうる新しい反応性物質をつくることもあり得る。……生物学的に重要な化学結合を切断するのに必要なエネルギーは、もちろんその結合にもよるが、ＤＮＡやＲＮＡのような大きな生物学的分子に対しては六～一〇eV（電子ボルト）の間である。したがって、セシウムCs–137同位体の一回の崩壊でもたらされる約六五〇KeVの放射線エネルギーは、原理的には、そのような分子内において約六五〇〇〇カ所の化学結合を切断するのに十分なのである」（引用は「欧州議会内の緑グループによって開催されたブリュッセルの会議での決議にのっとって、一九九七年に設立された」ＥＣＲＲのあらわした、『放射線被ばくによる健康影響とリスク評価　欧州放射線リスク委員会（ＥＣＲＲ）二〇一〇年勧告』（欧州放射線リスク委員会（ＥＣＲＲ）編、山内知也監訳、明石書店、二〇一一年、八五～八六頁）。

「ガンの深刻さは線量の大きさによっては影響されない。この種の損傷は『確率的』と呼ばれ、『ランダムあるいは偶然的因子の結果であること』が意味されている。……DNAとそれに関連した器官に対する放射線（および他の種類の突然変異源）の損傷はゲノム不安定*と呼ばれる注目すべき現象を引き起こす。このことはランダムな遺伝的突然変異を対象となった細胞やその子孫にもたらす結果となる。この影響は何らかの方法によって近傍の他の細胞に対しても及ぶ。（これが――引用者）いわゆるバイスタンダー効果**である。……ある組織内の多くの細胞中にある遺伝物質に対するランダムな損傷がその器官の機能を低下させるのだろう。そのような影響は、その最初の被ばくから何年も経てからそれ自体が臨床的に明らかになるかもしれない。また、最初に被ばくした細胞の末裔の機能変化による結果なのかもしれない。……人類の遺伝子プールに入った遺伝的損傷は、その保持者が生殖再生する以前に死亡して喪失するまでそこに留まるということが強調されるべきである。したがって遺伝的損傷は……被ばくした個人かあるいは子孫の中に常に現れることになる」（同前、八五〜八九頁）。

こうしたDNAに対するリスクを恒常的におよぼす放射性物質と、その大量放出が確実なものとしてある原発事故はもとより、それ以前に、原子力技術そのものが、そもそも共存できないということがわかるのである。

＊ゲノムとは配偶子または生物体を構成する細胞に含まれる染色体の一組。またはその中のDNAの総体、その構成は生物の種に固有なものである。不安定とは、遺伝子異常による塩基配列の不安定性と染色体の構造、数が不安定化する場合と定義されている。

＊＊バイスタンダー効果　この原因がゲノム不安定性信号分子とされる。

●──「予防原則」の適用の不可避性

まさにこのような放射能汚染に対しては、そもそもの原子力発電に対して、「予防原則」を適用すべきだという以外ない、この原発技術に対する前提が存在する。

「予防原則が提案するところは、ある産業の工程やその汚染物質のリスクについて我々に確証がないときに、我々がそれが安全であることを確信できるまで、我々はその操業をゆるすべきでない、というものである。そのような原則は、民生原子力産業に適用されたことはこれまで一度もなかった。予防原則がとられなかった主要な理由は、彼らが従事している個々の行為の新しさにもかかわらず、核物理学者らがそれらに公衆の健康に対するリスクはないと信じ込み、彼らがこのことを政策立案者にも納得させたということである。しかしながら、放射性核種の健康影響については相当に疑わしいということは、この報告書の他のところで示されている科学上の発見から明白である。ある分野、特に細胞生物学と免疫システムの研究における科学的発見は、原子力計画の開始以降に、目を見張るべき進歩を遂げてきている。このことは、その原子力計画において現在使われているリスクモデルが、DNAの発見以前に作成されたという事実によって特によく示されている。このようなレベルの科学的頼りなさがはっきりとしているので、公衆のためには、その予防原則を原子力発電所の操業に適用し、最も最近の生理学上の発見に従って、それらが安全であることを最終的に証明できるまで、さらなる放射性排出物の放出を止めることがのぞましい」(同前、六一頁)

ということだ。

●――内部被ばくリスクの問題

この場合、「その原子力計画において現在使われているリスクモデルが、DNAの発見以前に作成されたという事実によって特によく示されている」という問題をもう少し、見てゆくことにしよう。

ここで確認すべきことは、今日のICRPの前身であるNCRP（合衆国国家放射線防護審議会）の内部被ばくリスク検査指針確立の挫折という問題である。

そこで前提として確認しておくべきことは、アペリーによって遺伝子の分子的実体がDNAであることが確認されたのが一九四四年、ハーシーとチェイスによってDNAが遺伝子の本体であることが確認されたのが一九五二年、ワトソンとクリックがDNAの二重らせんモデルを発表したのが一九五三年、クリックがセントラルドグマというDNAの運動構造を提唱したのが、一九五九年だということだ。

まず内部被ばくの定義が問題となる。

「放射線の作用は『電離』です。電離は分子切断です。遺伝子と生体で機能分子の切断が健康を破壊します。分子が切断されますので、被曝の危険は二つのタイプに区分されます。第一は分子が切られることにより生命機能が破壊されてしまう危険です。第二は切られた分子が間違って再結合し、異常に変成された遺伝子を持つ細胞が生き延びることによる危険です。これは主として内部被曝によります。

両方とも放射線のリスクですが、リスクの起源は全く異なるのです。広島・長崎ではアメリカ核戦略により『内部被曝』が隠ぺいされ、主として第二の危険がないことにされてガンなどに苦しむ被爆者が被爆者として認められずに切り捨てられてきました。そのために原爆症認定集団訴訟が起こされました。一九回の判決がなされましたが、この判決すべてで『内部被曝』が基本的に認知されました。

困ったことに、認知していないのは国とそのサポートする『学者』たちです。国際放射線防護委員会ICRPは第一の危険だけしか見ることのできない被曝線量評価基準を持ち、内部被曝が見えなくされています。国やこれらの人は、被爆者を苦しめ続けた『第二の危険の無視：内部被曝の無視』をまたぞろ『福島』に押しつけようとしています」（矢ケ崎克馬『ひろがる内部被曝』本の泉社、二〇一一年、九四〜九五頁）。

この場合、α線、β線、γ線というものの特性が問題になる。

「アルファ線は空気中は四五mm、体内（個体内部）では四〇μm（マイクロメートル——引用者）しか飛ばず、この間に約一〇万個の分子切断をします。

ベータ線は、（エネルギーを一Mevとして）空気中では一mくらいまで、体内では約一〇mm飛び、その間に約二万五〇〇〇個の分子切断を行います。

ガンマ線は物質との相互作用が弱く、疎らにしか分子切断を行わないので遠くまで飛ぶのです。人間の体を突き抜けますが、それは、ところどころにしか分子切断を行わないものですからエネルギーをなかなか消耗せず遠くまで飛ぶのです」（同前、一〇二～一〇三頁）。

アルファ線とベータ線は、飛距離が短いから人体が近距離にある場合にしか人体に届かないが、ガンマ線は人体を貫く。だから、外部被ばくは主にガンマ線によっておこる。この外部被ばくだけが、身体全体で放射線を受け止める数値を基準とするＩＣＲＰの被ばくモデルに合致する。遺伝子などの損傷は人体が受けた線量に比例すると考えられる。これに対し内部被ばくはベータ線とアルファ線によっておこる。

そしてポイントは、ガンマ線ではＤＮＡの一本が切断されるのに対して、アルファ線、ベータ線では、ＤＮＡの二重鎖そのものが切断されてしまうことだ。

「ガンマ線の場合は切断場所が他の切断場所と離れて孤立していますから、生物学的修復作用により、まちがいなく元どおりになる可能性も高いのです（外部被曝）。……それに対して高密度の分子切断を受ける場合は……遺伝子の二重鎖を切断するような密集した切断を行います。ＤＮＡの変成される確率が高くなります」ということである（同前、一〇四～一〇五頁）。

ＩＣＲＰは、こうした重大な被ばくを起こす内部被ばくを無視した測定基準をつくっていることになる。

例えば日本では、こうしたＩＣＲＰの基準と合致する、次のようなことが行なわれている。

「放射性セシウムには134と137の二種類ありますが、これはどちらもベータ崩壊をする核種です。

セシウムが崩壊するときには、飛距離の短いベータ線を放出しながら、同時に飛距離の長いガンマ線を放出しています。……ところが、いま国が発表している空間線量の数値というのは、ガンマ線だけを計測した数値なんです。国が使用しているシンチレーションサーベイメータという装置は、ガンマ線だけをカウントする装置で、ベータ線がどうなっているかは測れないんです。シンチレーションでのガンマ線測定は、ばらつきが少なく扱いやすい。対して、ベータ線の線量評価は対象になる人によって大きく違ってしまう。ベータ線は飛距離の短い放射線ですから、放射性物質がどれだけ人体に付着しているかによって浴びる線量も変わります。……これは地域という単位で一様に評価することができない性質のものです。一人ひとり、ガイガーミュラー管式サーベイメータを使って表面汚染検査をしていかなくてはならない。サンプル調査ではだめです」（矢部史郎『3・12の思想』、以文社、二〇一二年、七七～八一頁）ということに、関係してくることなのである。

●――ICRPの内部被ばく計測指針の挫折――その経緯

だからICRP（国際放射線防護委員会）のリスク評価のあり方が問題となる。

「ICRPに直接先行する団体は、合衆国国家放射線防護審議会（NCRP）である。原子爆弾の実験を行い、それを日本に投下していた合衆国政府は、核科学が持っているどうしても軍事機密が絡んでくるその特質を、一九四六年には認識していた。そこで核物質の私的保有を非合法化し、その分野を管理するために原子力委員会（ＡＥＣ）を設立した。それと時を同じくして、ＮＣＲＰが合衆国Ｘ線ラジウム防護委員会を改組してつくられた」。

「今日では、核兵器の研究や開発を妨害しないような被ばく限度になるように、ＮＣＲＰがＡＥＣから圧力を受けていたことを示す十分な証拠が存在している」。つまり、その数値には、政治的なコンテクストが入っているということだ。

「ＮＣＲＰには核リスクの様々な側面を調査する八つの分科会がおかれていた。その中でももっとも重要なものは、Ｇ・ファイーラが議長で外部放射線被ばく限度に関与していた第一委員会と、カール・Ｚ・モーガン、オークリッジ国立研究所の主席保険物理学者、が議長で内部被ばくリスクに関与していた第二委員会の二つであった。……許容被ばく線量はＡＥＣとの交渉の結果であることが今日では明らかになっているが、ＮＣＲＰはそれ自身の外部被ばく限度を一九四七年に決定している。それは週間〇・三レム（三mSv）であったが、既存の週間〇・七レムを引き下げたものであった。ついでながら、この値が今日労働者に対して許容されているものの二〇倍であり、公衆の構成員に許容されているものの一〇〇〇倍以上であることに気づくのである。（すなわち、欧州原子力共同体基本的安全基準指針と比べて）」。

重要なのは、ここからだ。

「ファイーラの第一委員会（外部放射線）が到達した結論であるこの値については一九四七年に同意されたのであるが、ＮＣＲＰから最終報告が出されたのは一九五三年になってからであった。この遅延の原因は、モーガンの第二委員会が、体内の臓器や細胞への内部被ばく源となる、実に多種にわたる様々な放射性同位体がもたらす被ばく線量やリスクを決めるために容易に適用できる方法を見出し、制限値やリスク係数を決定することがどちらもきわめて難しいことがわかってきたからである。このような難しさの一部には、様々な組織や臓器、そしてそれらの構成要素である細胞における放射性同位体の濃度やそれらの親和性に関しての知識が不足していた当時の状況下でものごとを進めなければならなかったことがある。またその難しさの一部には、線量の単位自体に含まれている平均化する考えを、非均一的な構成中におけるエネルギー密度分布に対して適用する問題が当然にしてあった。結局、一九五一年にNCRPはこれらの問題が解決されるのを待つことにしびれを切らし、その執行委員会は第二委員会の審議を即刻うち切ってしまった。そして、おそらくはリスクに関してある程度の指針が必要であったがために、未解決のままで、内部放射体について報告書を準備するよう主張した。それにもかかわらず、最終報告書は一九五三年になるまで公表されなかった。

これこそが放射線リスクのブラックボックスが封印されたまさにその瞬間であった。その内側での作業は、被ばく線量を決定するための何か都合のよい方法を急いで開発せよという圧力の下でなされていた」(前掲『放射線被ばくによる健康影響とリスク評価』、七四〜七六頁)。

つまり、一口で言って放射能がDNAの二重らせんを切断し、変異的に切断されたDNAの結合をつくりだすなどということは、まだ、わかりようもなかった時代に、リスク評価の基準のおおもとのあり方がつくられたということだ。ここでは、以上の記述から、そのような歴史的被制約性をICRPのリスク評価は含有していることを、おさえておこう。こうして、まさに内部被ばくの基準は、軽視され、無視されていくのである。

●――ICRPの内部被ばく無視――ECRRとの相違について

まさにこうした被ばくにおける内部被ばく計測の重要性について、ICRP(国際放射線防護委員会)の基準が問題となるが、それは、現実問題としてICRPが、原発事故からの「復興期」について「年間一ミリ～二〇ミリシーベルト」と規定し、日本の政府機関、原子力規制委員会などが年間二〇ミリシーベルトということを基準にしようとしてきた問題と相即することがらだ。

この場合、ICRPのかかる基準は、内部被ばくを計算に入れていない・考慮外においている基準であることがポイントになる。

ICRPとECRR(欧州放射線リスク委員会)の違いについてみていく中で確認しておこう。一言でいえば、ICRPは「内部被ばく無視」、ECRRは「内部被ばく計測」ということだ。ここではこの点のみを確認しておく。

「広島・長崎の原爆被災現場から内部被曝を削除したのが、ICRP基準に直結しています。アメリカの核戦略は核兵器を、生物兵器や化学兵器とはちがって、『長期にわたって命を蝕む残虐兵器ではない』という虚像をつくるために内部被曝を隠ぺいしました。

ICRPはその目的に沿った線量評価基準をつくっています。内部被曝を語ることを拒否している体系が、ＩＣＲＰなのです。科学ではなく政治的隠ぺいを行っているので、具体的に語れば彼らが自己否定してしまうからです」（前掲『ひろがる内部被曝』、六一頁）。

これに対し、「ＥＣＲＲは、内部被曝を含めて被曝の実相を明らかにしようとする団体です。放射線リスクに関する国際的な権威筋（ＩＣＲＰなど――引用者）のモデルが安全を確保するものではないことを示し、被曝を基本から見直そうとしている科学グループです。

ＥＣＲＲはチェルノブイリ事故で放射性の埃が世界中にばらまかれたことを受けて、ていねいに疫学的な調査を行ってきました。

彼らの統計的結果は、たくさんの被曝者があり、すべての疾病の平均を求めると、『外部被曝として計測された被曝量を六〇〇倍したら内部被曝の実効線量である』としました」（同前、八五頁）。

これに対しＩＣＲＰの「内部被ばく隠し」はどうか。「もう一つの原因は内部被曝を隠してきた歴史が示すように、ＩＣＲＰが科学する世界ではなく、政治支配を維持する枠組みだからです。……ＩＣＲＰ論者いわく、『チェルノブイリ事故の後、放射線起因疾病の目立った増加はみとめられません』、『一〇〇mSv以下の低線量被曝はほとんどデータがありません』。……ＩＣＲＰ論者は現実の発がん等のデータを『放射線起因ではない』ことにするのに、血道を上げてきました。放射性物質による内部被曝を認めてしまうとＩＣＲＰの目的である『内部被曝隠し』が見破られてしまう。これはアメリカ核戦力を起源とするＩＣＲＰ支配体系そのものを破壊してしまうので、必死で一〇〇mSv以下の内部被曝の深刻な領域を無視しようとしたのです。無視してデータを取らないことを『データがない』ことにしてきたのです」（同前、八六〜八七頁）。原発の危険性は、以上の放射能被ばくの危険性を通じて明らかにされるべきであり、そのため、予防理論は必須の方法的課題にほかならないのである。

●──「レベル7」とは何か

二〇一一年三月一一日の東日本大震災によって発生したフクイチのメルトダウン（炉心溶融）事故は、国際原子力・放射線事象評価尺度（ＩＮＥＳ、国際原子力機関ＩＡＥＡなどが策定したもの）で「レベル７」と判定されたものであった。

「レベル７」とは、「深刻な事故」のこととされヨウ素一三一で数万テラベクレル以上の放出が該当する。一九八六年のチェルノブイリ事故、そして福島第一原発事故の二つがこの「レベル７」だとされた。

「レベル６」は、「大事故」でヨウ素一三一が数千から数万テラベクレルの放出に適用される。

「レベル５」は「施設外へのリスクを伴う事故」でヨウ素一三一が数百から数千テラベクレルの放出に適用される。一九七九年のアメリカ・スリーマイル島の事故がこれだとされる。

「レベル４」は「施設外への大きなリスクを伴わない事故」でヨウ素一三一が数ミリシーベルトの放出。一九九九年の東海村ＪＣＯ臨界事故などがこれにあたるという。

「レベル３」は「重大な異常事象」でヨウ素一三一が一〇分の数ミリシーベルトの放出。

一九九七年の「旧動燃東海事業所アスファルト固化処理施設火災爆発事故」などに適用された。

「レベル2」は「異常事象」で、「美浜発電所二号機蒸気発生器伝熱管損傷」などに適用。

「レベル1」は「逸脱」で、一九九五年の「もんじゅナトリウム漏洩」など。

「レベル0」は「安全上重要ではない事象」とされる。

こう見てくると、かかる事故を日本の原発が、一九九〇年代よりさかんに引き起こしていることから言えることだが、「日本の原発は技術的に優秀だ」とは、とてもいえないと考えるべきではないだろうか。

●――この「レベル」段階のフクイチの現実に沿った説明

ここでもう少し、フクイチの現実にそった説明を読んでみよう。

この文献は二〇一二年三月に刊行されたので、また計測の方法によって現在とは若干違いがあるかもしれないが、事故発生直後のニュアンスとして非常に重要な指摘と考えられるものだ。あくまでも〈一般的な危険予想〉の〈一つの事例〉として以下の指摘を読むことにする（放射線量について分析する場合、例えば「微量」についての定義は多々あり、以下の文章の範囲では解決しない問題が多々あるとする以外ない。以下の分析はひとつの分析視角であると、著者は考えている）。

「『レベル2』は、今回の福島事故でいえば、福島県会津地方と福島県周辺の茨城県水戸市以北、栃木県日光地方以北、宮城県白石市くらいがその範囲である。しかし、このレベルの被曝は、一般に心配しても始まらない。しかし、妊娠可能な女性や乳幼児には、このレベルでも危険と考えて、とくに食物に注意する必要がある。

『レベル3』は、今回の事故でいえば、会津地方を除く福島県全域がこのレベルである。このレベルは放射線を扱う職業人の線量限度の範囲であって、ここで暮らす人々は東電により強い放射線作業場での生活を強いられたことになる。子供たちでは、鼻血など弱い放射線障害も現われた。妊娠中はもちろんのこと、妊娠可能な女性は注意する必要がある。つまり、福島県の汚染はとんでもないことになってしまっている。

『レベル4』は、鼻血など弱い放射線障害だけでなく、無気力、発がん、老化の心配があるレベルであり、乳幼児や『妊娠する可能性のある女性』が住む場所ではない。今回の事故では、原発周辺の地域、浪江町や飯館村のホットスポットがその地域である。

ここで、『妊娠する可能性のある女性』という特殊な表現をするのは、精子は常に新しく作り出されているので、被曝してもその影響が将来に残らないが、卵子は生まれた時にそのすべてが存在し、排卵は月に一回、ひとつずつ放出されるからである。つまり、卵子は放射線で被曝すると、それは排卵が終了するまで、被曝の影響が残ると考えられる。

しかし、この問題を考える場合は、原爆被爆者の差別問題で経験している不幸な事態の発生に注意する必要がある。福島第一原発事故で被曝の経験にさらされた人々がそのことで社会的差別にあうようなことがあってはならない」（槌田敦ほか『福島原発多重人災　東電の責任を問う――被害者の救済は汚染者負担の原則で』、日本評論社、二〇一二年、一一八頁)。

このような汚染が展開されているということである。

さらにここでおさえておくべきことは、汚染の調査データにもとづいた〈一般的な危険予測〉とは別に、〈具体的な被ばくの事例〉では、その被ばくにあった当事者の放射能汚染に対する告発などを前提として発信する必要があるということだ。それが、被ばくにさらされた人々がそのことで差別にあうようなことがあってはならないことの前提にあることだと考える。この問題についてはもっと、掘り下げて考えてゆく必要があるだろう。

以上のことをおさえたうえで、フクイチの事故を想起することにしよう。

●──「レベル7」──フクイチの場合

「原子力安全・保安院は、地震直後から三月一六日までに、大気に放出された放射性物質の量は、七七万テラベクレル*(七七×10^{12})と発表しています。テラとは聞きなれない単位ですが、日本語では『兆』に相当する単位で、一テラは一〇の一二乗です。つまり、短期の間にとんでもないほど莫大な放射性物質がばらまかれたのです」(前掲『小出裕章が答える原発と放射能』、三六頁)。

四月一二日、原子力安全・保安院は、原子力事故の国際評価尺度(INES)の基準にもとづき福島第一原発事故の国際評価尺度を「レベル7」に引き上げたと発表した。「レベル7」とは核燃料物質の物理的放出量が数万テラベクレル以上となった「深刻な事故」に対するレベルをあらわすものである。この二〇一一年四月現在でチェルノブイリ原発事故の五二〇万テラベクレルの約六分の一という大変な数量におよんでいる。

例えば、レベル7とされた時点の数値で「チェルノブイリ原発事故で放出されたセシウム一三七は、広島に投下された原爆の八〇〇発分、これをそのまま、当てはめるならば、福島第一原発では原爆一三〇発分の放射性物質が放出されたことになります。しかし、チェルノブイリの事故は、一応収束しました。一方、福島第一原発の事故は、現在進行中です。これからもっと放射性物質が漏れてくるでしょう。もしかしたら、チェルノブイリを超えてしまう可能性もあるのです」(同前、三四〜三五頁)。この発表されている量はＩＮＥＳ尺度である大気への放出だけのものであり、海水、土壌などへの放出はふくまれていない。

事故を起こしたチェルノブイリ原発の電力出力量は一〇〇万キロワット。福島第一は一〜三号機で約二〇〇万キロワットだ。つまり、チェルノブイリの約二倍の核燃料があり、さらに四号機の使用済み燃料などとして多くの量の燃料が存在する。このまま、放出がつづけば、チェルノブイリ以上の放射性物質の放出を結果してしまうかもしれないような危機がつづいているのである。

＊ベクレルは放射能の量のこと。一ベクレルは一秒間に一つの原子核が崩壊して放射線を放つ放射能の量。シーベルトとは人体が直接影響を受ける線量を表す単位で、「一年間あたり一ミリシーベルト」などとあらわす。

●——事故当初から「レベル7」だった——政府は知ることができた

このような状態の中で、指摘しておかねばならないのは、四月一一日（二〇一一年）、内閣府・原子力安全委員会が、事故発生当初から一時間当たり最大一万テラベクレルの放射性物質が放出されていたとの見解を示したことである。これは数時間の放出で「レベル7」に相当する放出をしたということだ。事故発生当初、政府は「レベル4」（所外への大きなリスクをともなわない事故）としていたが、そうではなく、はじめから「レベル7」の事故だったのだ。

さらに原子力安全委員会は、ヨウ素飛散の数値について三・一一〜三・二四の一二日間で、三万〜一一万テラベクレルとしている。つまり政府は当初レベル「4」とか「5」とかしていたのだが、事故から一週間たらずで、「数万テラベクレル」以上の、つまり、「レベル7」に妥当する放出があったことを意味する。

これらの数値はモニタリングポストなどで確認できた。なのに、政府は「レベル4」、さらに「レベル5」（所外へのリスクをともなう事故。数百〜数千テラベクレルの放出）などとして、当初の発表に則した線上での対応策に終始し、周辺住民の避難をおくらせ、「レベル7」での対策が打てないような状況をつくったのである。これは徹底的に弾劾すべきことだ。

例えばフクシマ第一原発から三〇キロにある浪江町では三・一六〜四・一までの放射線量の積算で三〇ミリシーベルトの値が計測されたが、一般人の被ばく限度とされている年間で一ミリシーベルトの三〇倍の放射線量の被ばくをうけたことになる。それを「二〇～三〇キロ圏は自主避難」などとして、政府の行政的におこなうべき責任を放棄し、住民への危険を放置していたのだ。

専門家の意見としても、政府は事故発生第一日目から「レベル7」の数値がでていることは確認できたはずだという批判もかなりある。それでかどうか、政府は三月一五日、フクイチにいた原子力安全保安院の職員たちを、福島第一原発から五〇キロはなれた郡山市に避難させているのである。政府の責任は重大である。

●――放射能放出の拡大

こうした放射能の放出は、現在（二〇一三年一一月現在）も続いている。福島第一原発の事故原発からは、大気への放出だけでも、今、現在、「毎時一〇〇〇万ベクレルの追加的放出がある」と、二〇一三年一〇月七日、閉会中審査の参議院経済産業委員会で、東京電力の廣瀬社長が、自ら説明している。また「海洋への放出について『当初は七一〇〇兆ベクレル放出されたとみている。その後、地下水の汚染などにより、最大で一日当たり最大二〇〇億ベクレルのセシウムが放出されているとみている』と述べた」（財経新聞電子版、二〇一三年一〇月八日、九時四六分配信）。これらの数値は、調べ方によっては、もっと大きな量になるかもしれないが、この東電の説明においても、こうした放射能汚染の現実が展開されてきたのである（海の汚染については、湯浅一郎『海の放射能汚染』、緑風出版、二〇一二年を参照せよ)。

そうした中で、二〇一三年夏、クローズアップされてきたのが汚染水問題であった。現在のフクイチにおける、放射性物質(どこがどのような状態であるか、現在(二〇一三年現在)も分からない)を冷却するために使用する等でできた汚染水のタンクからの漏えい、事故原発(の汚染水)と合流した地下水の汚染、それらによる海洋への放出は、明らかに、放射性物質がそういう形で拡散し、ダダ漏れ状態となっていることの一端があきらかになっているということだ。

例えば「タンク内には二五メートルプール八〇〇杯前後、三三万四〇〇〇トンの汚染水がたまる。放射能の総計は二京七〇〇〇兆ベクレルという天文学的な数値」(東京新聞、八月二三日付)の汚染水が存在する。二〇一三年八月の汚染水漏洩では、東電推計で三〇〇万トンの汚染水が漏洩した。そしてストロンチウムなどのベータ線を出す放射性物質は、約二四兆ベクレル(広島原爆がまき散らした量と同程度)となると報告された。八月二八日、原子力規制委員会はINES基準にもとづき、この事故(事件)を「レベル3」とした。

つまり、放射能放出という原発事故の特異性において、今現在も、事故は進行形で展開しており、収束などは一切していないのである。

さらに二〇一三年一一月二八日、東電は突如、「汚染水タンクが満杯になりそうなので、地下汚染水の汲み上げ作業を中止する」と発表。このため、東電は、福島第一原発一号機の港湾から五メートルのところにある観測用井戸で、一二月一六日に採集した地下水からストロンチウム九〇などベータ線を出す放射性物質が、一リットルあたり六万三〇〇〇ベクレル検出されたと発表した。

東電が定めた汚染水の暫定排出濃度基準はストロンチウム九〇で同一〇ベクレルであり、桁違いの汚染が拡大している（時事通信、二〇一三年一二月一七日、九時三六分配信）。

また、東電が二〇一四年二月一八日、福島事故原発二号機の海側にある観測用井戸で一三日に採取した水から放射性トリチウムが過去最高の一リットル当たり二万三〇〇〇ベクレル検出されたと発表する（福島民友ニュース電子版、二〇一四年二月一九日配信）など、これら観測の数値は、今後も、最高値を更新する傾向にある。

二〇一三年一一月中旬から開始された「福島原発四号機」の「使用済み燃料プール」からの「核燃料棒」（一五三三体）の取出し作業においても、作業中の事故が懸念されているが、なによりも、われわれが確認すべきなのは、それは「四号機」から一〇〇メートル離れた「共用プール」に移動するというだけのことだ。それは「四号機」の解体にとっては意味をもつだろう。だが、それは、放射能をその分減少させるという作業ではないことは自明のことだ。一五三三体のうち、一三三一体は、原子炉内で核分裂を起こした燃料であり、一体当たり最大七五〇〇兆ベクレルの放射能を含有しているといわれる。

「それでは一体、使用済み燃料からはどの程度の放射線が放たれているのだろうか。福島第一原発の四号機を造った日立製作所がまとめた資料によると、使用済み燃料の表面から放出されるガンマ線はおよそ毎時二万シーベルト。……東電にも確認したところ、『あくまでも目安』と控えめな数字を回答してきたが、それでも毎時一千シーベルトだった。それぞれバラつきがあるのは、冷却期間によっても線量が変わるからだ。人は七シーベルトの急性全身被曝でほぼ一〇〇％死亡する。

遮蔽されていない使用済み燃料は、人間を即死に至らせる『殺人兵器』と同等なのである」（ジャーナリスト桐島瞬「いよいよ四号機核燃料の搬出開始　東電が隠す放射能拡散、これだけのリスク」、『週刊朝日』二〇一三年一一月二二日号。電子版「dot.」（二〇一三年一一月一四日、一一時三〇分更新）より引用）。

そうした放射性物質が、フクイチに、さらに最終保管場所に、これから少なく見積もっても一〇〇年、一〇〇〇年の単位でもって、管理されてゆくことになるのである。もちろん、この「燃料棒」状になっている核燃料が、「共用プール」への運搬の過程で何らかの事故が起き、壊れて、放射性物質が放出されたとしたら、作業員の死亡という事態をはじめとした、二〇一一年三月のメルトダウン事故をも凌駕するような大事故に発展する可能性がある。

●――放射能汚染は一生つづく

以上の数値が示していることは、これらの放射性物質の被ばくに見舞われた場合、人々は、一生これらの放射性物質と付き合うことになるということだ。例えばセシウム一三七の場合、「生物学的半減期」は七〇日だが、この物質が大量に分布している地域に居住している場合、毎日被ばくすることになるから、半減期三〇年という数値にそれは、規定されることになる。

放射性物質の拡散は、「乱雑」であり、また、確率的に散乱と濃縮を繰り返している。また、先に論じたように、マイクロビーム細胞照射装置などにより、ゲノム不安定という現象からくる、「バイスタンダー効果」などの発見によって、放射性物質が命中した細胞だけが、周りの細胞とは独立に変異・癌化するなどの説明ではなく、まわりの細胞も、簡単に言えば、風邪に感染したように（「ゲノム不安定性信号分子」を原因とするとされるものにより）変異することなどが、わかってきたのである。

これらから言って、放射性物質の量と人体に与える効果とは、一律に確定・判定できないということになる。だからその論理から言えば、例えば、現在（二〇一三年）の日本の「一般食品」の放射能の基準値である「一kgあたり（セシウム）一〇〇ベクレル以下」なら「安全ですよ」というのは、「これでガマンしてください」という意味にすぎない。

そこで、おさえておくべきことは、「一般市民（この場合、放射性物質を扱うなんらかの労働に従事していないという意味）の被ばく限度」は年間一ミリシーベルト。放射線業務従事者の年間被ばくの上限は五〇ミリシーベルト（五年間で一〇〇ミリシーベルト）。リンパ球の減少が見られ始めるのが五〇〇ミリシーベルト。放射能の致死量と言われる量は六〜七シーベルト（一シーベルトは一〇〇〇ミリシーベルト）などである。

●――放射能汚染の展開図

これらの放射能汚染が、ではどのように、展開してゆくのか。二〇一一年フクイチ事故開始からこの二、三年の経緯を媒介に考えることにする。

福島県では「福島原発事故に伴う避難区域」として、さまざまな区域割が設定されてきた。二〇一二年四月からの設定でいうと以下のようになる。

「警戒区域」…事故を起こした福島第一原発から二〇キロ以内。

「計画的避難区域」…事故後一年間の積算放射線量が二〇ミリシーベルトになると予想される区域。

「特定避難奨励地点」…以上二地区以外で、事故後一年間の積算線量が二〇ミリシーベルトになる地点が含まれる区域。

「避難指示解除準備区域」…年間積算線量が二〇ミリシーベルト以下となることが確実であることが確認された区域。

「居住制限区域」…年間積算線量が二〇ミリシーベルトをこえる恐れがあり、住民の被ばく放射線量を低減する観点から引き続き避難の継続を求める区域。

「帰還困難区域」…五年を経過してもなお、年間積算線量が二〇ミリシーベルトを下回らない恐れのある、現時点で年間積算線量が五〇ミリシーベルトをこえる区域。

これらの区域の住民の避難生活が、現在も続けられているということだ（二〇一三年現在）。この場合、なぜ二〇ミリシーベルトが、めやすになっているかということだが、先述したようにＩＣＲＰ（国際放射線防護委員会）が、原発事故からの復興期にとっている基準が「年間一〜二〇ミリシーベルト」という基準をおいていること（ＩＡＥＡ国際原子力機関もこれに準拠している）に対し、日本政府はその一番高い二〇ミリシーベルトを基準に、「避難」の基準を設けているということなのである。それは、「一年間一ミリシーベルト」のパラダイムが崩壊した日本社会において、もと居た自治体への住民の帰還を早めることにより、これら自治体からの住民の移動を減らし、自治体の税収益を確保するとともに、かかる地方の市場経済の回復を図ってゆくためにほかならない。本論では、「賠償問題」は紙数の関係上、論述できないが、賠償額の削減と、市場の流通の旧来からの秩序の確保のために、政府・権力者たちは、原発事故をできるだけ小さなものに見せようと、必死なのだ。こうした二〇ミリという基準に対して、「年間一ミリシーベルト」を回復するように、また、回復できないなら新たな生活への補償と保障の枠組みをつくれという世論と社会運動が展開されている。

そういう原発被災の現場の状況をふまえ、さらに関東平野の汚染について、見ることにしよう。日刊ゲンダイの二〇一一年八月一〇日号は「首都圏もチェルノブイリ並みに汚染されている――一都四県土壌一五〇ヵ所調査結果」と題する記事を掲載した。それは、地名住所と「セシウム合計」が記されたものであった。本論では、地名住所は書かないという方針で、「セシウム合計」、つまり、セシウム一三七と一三四の合計だけを、いくつかあげておこう。「一平方メートルあたり」が単位だ。「九一九、一〇〇ベクレル」「四五五、八四五ベクレル」「二四〇、〇四五ベクレル」「七〇、九一五ベクレル」「四三、八一〇ベクレル」。これらは、関東平野のいろいろな場所の数値である。

これにチェルノブイリ事故での居住区制限の数値が記載されている。「チェルノブイリ事故では、土壌の汚染状況に応じて四段階で居住区域などが制限された。

最高レベルの『居住禁止区域』は、一平方メートル当たりの汚染濃度が一四八万ベクレル以上で、住民は直ちに強制避難し、立ち入りを禁止された。

二番目の『特別放射線管理区域』（五五万五〇〇〇ベクレル以上）は、住民に移住の義務が課せられ、農地利用を禁じられた。

三番目の『高汚染区域』（一八万五〇〇〇ベクレル以上）は住民の移住の権利が認められる区域だ。

四番目の『汚染区域』（三万七〇〇〇ベクレル以上）は、不必要なヒバクを防止するための措置が講じられた」。

ここから、まさに関東一都四県には広く、チェルノブイリの住居制限地区として数値化されているようなところ、とりわけ、「二番目から四番目」に匹敵するところが点在している実態が、わかってきたということなのである。

なんだ、何年も前の事故当初の数値じゃないか、「古いんじゃない？」と、おもっている人もいるだろう。これは決して「古い」ものではない。「セシウム合計」というのは、「セシウム一三七」と「一三四」の合計だ。「セシウム一三七」の「半減期は三〇年」、「セシウム一三四」の「半減期は二年」である。だから、この数値は、今もって、そこに放射性物質が存在している限り、確かな目安となるものである。

例えば二〇一四年一月二九日～二月一二日を試料採取日として「汚泥焼却灰」からセシウム一三四が六五〇Bq／kg、セシウム一三七が、一八〇〇Bq／kgという値が、東京都のある下水処理場から検出されている（東京都下水道局ホームページ参照）。

また先述したように、今現在も、フクイチは放出をつづけ、関東平野を汚染し続けている。この汚染経路は、大気・風雨、森林→農村→河川→都市→下水処理場・東京湾といったような経路をたどって海洋に流れ込む一連の汚染経路にほかならないのであり、まさに、これらの日刊ゲンダイに発表された関東平野の汚染数値も、そうした汚染の過程で、その汚染の結果として、記録されたものに他ならないのである。

●——放射性物質の生物的濃縮と社会的拡散

それらは例えば次のようなことを同時に意味している。

「アメリカのハンフォード再処理工場における、コロンビア川における生物体内の放射性物質の濃縮は、水の中の放射能濃度が低くとも、プランクトンから始まって、魚、アヒルへと高等生物になるに従って、どんどん濃縮が進む食物連鎖（生物サイクル）のおそろしさを教えた」。

そこで一般的な危険予測としてつぎのことが警告されると広瀬隆はのべている。

「福島県沖では、（二〇一一年——引用者）七月頃からそのプランクトンや、海底に生息する生物に放射能の濃縮が始まっているので、次第に魚への濃縮が進んできた。とりわけ図一九*のように、水辺の幼い動物の五〇万倍と、水鳥の卵の黄身での一〇〇万倍という濃縮度は、『微量・低濃度』

と軽く考えられがちな放射能が、重大な影響を幼い世代にもたらすことを警告している。水鳥の卵の黄身とは、人間における女性の卵子のことだからである」（広瀬隆『第二のフクシマ、日本滅亡』、朝日新書、二〇一二年二月、一八一～一八二頁）。

こうした汚染経路の形成を通じた放射能汚染の食物連鎖が、放射性物質の拡大と濃縮を繰り返してゆく、まさにこの事態が、今、日本列島を中心とした環太平洋地帯において展開していることなのである。

さらにこうした汚染の問題は広範に広がっている。例えば学校給食の食材の放射能汚染が危惧されている問題など、市民社会総体を襲っている。また、福島原発の近距離などでの自然において、昆虫などの小動物の生態系に放射性物質による生体破壊の影響が出ていると言われている。

汚染の社会的な拡散については、次のような事例をとることができる。上下水処理施設での問題は、フクイチからの汚染経路が、どのような二次的汚染を結果してきているかを示している。以下のような現実がこの約三年の間に、ますます、ひろがっているのだ（同前、二三七～二四四頁）。

「(二〇一一年――引用者) 六月一六日、全国各地の上下水処理施設で汚泥から放射性物質が検出されて深刻になってきたため、政府の原子力災害対策本部は、放射性セシウムの濃度が一キログラムあたり（以下すべて同じ単位で示す）八〇〇〇ベクレル以下であれば、跡地を住宅に利用しない場合に限って汚泥を埋め立てることができるなどの方針を公表し、福島など一三都県と八政令市に通知した。また、八〇〇〇ベクレルを超え、一〇万ベクレル以下は濃度に応じて住宅地から距離を取れば、通常の汚泥を埋め立て処分する管理型処分場の敷地に仮置きができるとした。

さらに、六月二三日の環境省の決定により、放射性セシウム濃度（セシウム一三四と一三七の合計値）が八〇〇〇ベクレル以下の焼却灰は『一般廃棄物』扱いで管理型処分場での埋め立て処分をしてよいことになった。さらに環境省は、低レベル放射性廃棄物の埋設処分基準を緩和して、八〇〇〇ベクレル以下を一〇万ベクレル以下に引き下げてしまい、放射線を遮断できる施設での保管を認めてしまった。

おいおい待てよ。原子力プラントから発生する廃棄物の場合は、放射性セシウムについては一〇〇ベクレルを超えれば、厳重な管理をするべき『放射性廃棄物』になるのだぞ。環境省は、なぜその八〇倍もの超危険物を、一般ゴミと同じように埋め立て可能とするのか。なぜ汚染した汚泥を低レベル放射性廃棄物扱いとして、ドラム缶に入れて保管しないのか。この発生地は、無主物どころか、福島第一原発なのだから、その敷地に戻すほかに、方法はないだろう。これが『廃棄物の発生者責任』という産業界の常識だ」。

「六月二四日（二〇一一年――引用者）、農林水産省は『放射性セシウムが二〇〇ベクレル以下ならば、この汚泥を乾燥汚泥や汚泥発酵肥料などの原料としてよい』というトンデモナイ決定を下した……放射性廃棄物が、いよいよ発酵肥料に化けるのか」という具合だ。

「二〇一二年には、汚染砕石のコンクリートを使った福島県内の新築マンションなどから高線量の放射能が検出され、すでに数百ヶ所の工事に汚染砕石を使用済みという実態が明るみに出た」。「首都圏では、雨で流され、除染で流した水が、すべて海に流れていることが、本当に深刻である」。

こうした立体的な放射能汚染模様は、一度作られてしまうと、それが放射性物質の滞留・拡散・

移動・濃縮という「乱雑」な動き、そのままに、人間生態系を動き回り、半減期などに象徴されるように、自分で消滅するまで、消えてくれないのである。

こうしたなかで、日本食品を輸入禁止措置にする国も出てきている（二〇一二年八月現在）。米国、韓国、中国、ブルネイ、ニューカレドニア、フィリピン、シンガポール、ギニア、レバノン、サウジアラビア、クウェート、香港、マカオ、台湾、ロシアなどだ。その禁止品目は、国によってまちまちで、例えば、固有名詞は本論では書かない方針だが、「一二都県の産品、すべて禁止」という国から、県ごとに、「〇〇県は、米、ほうれん草、原乳、きのこ……」と細かく指定している国もある。このように世界に放射能汚染は、社会的に拡散しているのだ。例えばもちろん海洋汚染は環太平洋的に、そしてそれ以上に全地球的な広がりを見せている。

＊「図一九」として図解があるが、文字で説明すると、原子力の施設↓川の水を一とすると↓その水中のプランクトンでは二〇〇〇倍↓そのプランクトンを食べる魚では一万五〇〇〇倍↓その魚を食べるアヒルでは四万倍、この川の虫を与えられる子ツバメでは五〇万倍↓水鳥の卵の黄身では一〇〇万倍↓では、それらを飲み食いする人間の子供では何万倍？　となる。

●――フクイチの現実

すでに核事故がおこった福島第一原発の現場は、重大な汚染にみまわれている。「事故前、1F

では最大一三〇カウントから一八〇カウント（放射線測定器の値――引用者）が汚染のリミットだったという。それ以上汚染したものはすべて、敷地内から出せなかったのだ。……『事故が起きてからこれまでの基準が一瞬で変わった。一般人の年間線量限度が一ミリから二〇ミリに引き上げられそうなことは盛んに報道され大議論になったのに、除染の目安が突然引き上げられたことを、なぜ誰も問題にしないのか。ＩＡＥＡの定める一〇万カウント……自分たちから見たらあり得ない数値です。これを受け入れるなら、これまで自分たちが守ってきた基準はなんだったのか。どうしても許容できない。長い間原発で働いていた業者にとっては、五〇〇〇カウントだって完全アウトなのに、Ｊヴィレッジではつい最近まで、一万三〇〇〇カウントを超えない限り、モノも人もそのまま出していた。一三〇カウントを基準にすれば一〇〇倍です。除染しきれなかった場合、最終的には一〇万カウントだったから、七五〇倍以上です。そんな車が平気で街を走ってるんです……』。

業者たちの訴えが正当なのか、ヒステリックなのか……専門家によっても判断は分かれるだろう。ただ、原発を動かしてきた人間たちにとって、いまの日本が放射能まみれの汚染地帯に見えることは事実である」。「１Ｆの現状は、とうてい原子炉に手を付けられる状態ではない。ひたすら冷却を続け、これ以上放射性物質が飛散しないよう二次的な処置をするのが手一杯。肝心要の作業をするのはこれからだ。東電関連会社の幹部によれば、プラントメーカーであっても、原子炉の詳細を把握していないという」（鈴木智彦『やくざと原発』、文芸春秋、二〇一一年、一五五～一五六頁）。

そして、一月九日（二〇一四年）東電は、地下汚染水濃度は護岸から約四〇メートルの場所にある井戸の計測で、ストロンチウム九〇などのベータ線を出す放射性物質が、一リットル当たり二二〇万ベクレルという、これまでの最高値を検出したことを発表した（時事通信電子版、一月一日、一五時一分配信）。

例えばこのような、過酷な現場の中で、廃炉作業がおこなわれている。

初期の値では、フクイチの事故発生から九ヶ月間、緊急作業時に働いた約二万人のうち、白血病の労災認定基準「年五ミリシーベルト以上」の被ばくをした人が約一万人にのぼることが、東電が二〇一三年七月に確定した集計から分っている（朝日新聞電子版、二〇一三年八月五日、一五時一四分配信参照）。今後、このような被ばく者数は、増加していくだろうと考えられる（東電は二〇一四年三月、一万五〇〇〇人という集計を発表している）。

まさにこれらのことを見るならば、原発でメルトダウンによる事故が起こったことが、どれだけ、たいへんなことかわかるだろう。

論の初めに述べたように、こうした「放射能汚染」と、化石燃料による汚染は、同一には扱えない。また、「放射能汚染」を無視した、環境汚染による人間生態系の破壊に関する論述は、今日のチェルノブイリとフクシマを〈経験している〉（この二つとも、事故はまだつづいており、「経験した」ではない）世界の中では、部分的なものにとどまると言わなければならない。

【2】環境汚染の原因の把握と新たな汚染源の予測

このような放射能汚染は、経済政策によるコントロールで解決できるかということが、次の問題になる。

例えば『成長の限界』は、先述したように核エネルギーを計算に入れていないが、次のように論じている。

「人口と資本の成長を意識的に制限するべきではなく、自由に「行きつくところまで」成長させるべきであるという最初の過程をとるかぎり、破局的な行動様式を回避する一組の政策を見つけ出すことは不可能であった」。

「汚染物質が環境中に放出されてから、人間の健康にはっきりとした影響を及ぼすまでの遅れがある。この遅れのうちには汚染物質が大気や水や土壌を通って食物連鎖に入り込み、それを人間が消化吸収して病気の兆候があらわれるまでの期間が含まれる。(この遅れは——引用者)ある種の発癌物質の場合には二〇年程度である」。

このような「遅れ」は被ばくは長い時間をかけて癌化するということがあることについては妥当するだろう、だがその反面、事故後、一年~数年で例えばがん患者に増加傾向がみられることに対しては妥当ではない。つまり「はっきりとした影響を及ぼすまでの遅れ」とは、放射能汚染の場合、がん患者などの増大にもかかわらず、それが放射能汚染による被ばくとは関係ないものにしたい人たちのいいわけを援護するだけのものに他ならないのだ。

例えば二〇一三年一一月一二日、福島県の「県民健康管理調査」検討委員会は、小児甲状腺癌の検査結果を発表した。甲状腺がんと診断が「確定」（手術の結果、明確になったという意味で「疑い」と区別される）した子ども（事故発生当時、六歳〜一八歳）は二五人。これは八月に実施された検査で確定した一八人から七人増加したことになる。さらに「がんの疑い」は前回の二五人から三三人へと増えている。それで合計五八人の発症となった（初期のこの数値をこえて、さらにこの人数は増加傾向を示している。二〇一四年二月現在の〈発症〉者数は「七五人」となっている――二月七日発表）。これは事故前、一〇〇万人に一人程度とされていた小児甲状腺癌が、この調査結果では「約四一〇〇人に一人」（受診者は全体で約二三万九〇〇〇人）になっていることを意味するものだという。実に二五〇倍にも増加している。しかし、それでも、検討委員会は、「原発事故の影響で明らかに増えているという状況ではない、と理解している」としている（福島テレビ、一一月一二日、一二時四九分）。後述するように予防原則の立場から反論することが必要だが、フクイチ事故を少しでも軽く見せることで、福島県からの住民の移住をさせまいとする行政権力者たちの意図に準ずるものとなっている。

さらに例えば『週刊朝日』二〇一三年一〇月四日号には、「セシウム検査で判明した子供の体内被曝の深刻度」（ジャーナリスト桐島瞬のレポート）という記事が報告されている（「dot.」二〇一三年九月二六日、七時〇分更新）。すでに、二〇一二年一一月から、常総生活協同組合（茨城県守谷市）が、松戸、柏、つくば、取手など千葉、茨城の一五市町村に住む〇歳から一八歳までの子供を対象に実施した尿検査では、その七割からセシウムが検出されていた。検査対象全員一四六名で、この記事取材時で「すでに測定を終えた八五人中、約七割に相当する五八人の尿から一ベクレル以下のセシウムが出ています」との常総生協の職員の報告がのせられている。ここからもフクイチ事故起因の放射能汚染は確実に人々の体内被ばくを展開していることがわかる。

しかしまた『成長の限界』が「変化する需要に対処して資本がある産業から別の産業部門へと直ちに移動するわけにはいかないための遅れ、新しい資本や土地は徐々にしか生産されたり開発されえないための遅れ、汚染物質が拡散したり代謝したりして無害な形になるまでにかなりの期間がかかるための遅れなどである」(前掲『成長の限界』、一二四〜一二五頁)といっていることについては、これは原発にも当てはまるだろう。

ある事業体が、そして原子力発電という事業部門が、原発から別の発電システムに移行するには、少なくとも今日の市場システムを前提に考えれば、時間的な遅れが当然でてくる。また、「汚染物質が無害になる」までには、「かなりの期間がかかる」。しかし、ここで想定されている「かなりの期間」は、経済内的に許容できる時間の範囲に限定されていて、経済外の因果関係からは直接的には関係なく存在する放射性物質の半減期などは想定外となる以外ない。

●──使用済み核燃料の問題

そもそも、原子炉をすべて停止したら安全になるかというと、そうはならない。例えば、「使用済み核燃料は、冷却するために原子力発電所内にある貯蔵プールで四〜五年ほど保管されます。その後、使用済み核燃料からウランとプルトニウムを抽出する再処理が行われます。抽出されたウランとプルトニウムは、再び核燃料に利用されます。残りは、高レベル放射性廃物となり、超ウラン元素と呼ばれる核分裂生成物を含んだ、きわめて強い放射能の塊です。これはガラス固化体にして処理します。……高レベル放射性廃棄物をガラス原料と高温で溶かし合わせ、キャニスターと呼ばれるステンレス製の容器でゆっくり固め、個体化したものです。ガラス固化体は、手で触れるような温度になるまで、一〇〇万年かかります。政府は、このガラス固化体を地下深くに埋めて、一〇〇万年じっとさせておこうと考えています。……まだ埋め先は決まっていません。……一〇〇万年前、六甲山はまだ海面の下です。地形が変わってしまうおそれだってあるのです。それを考えたら、どこも安全だとはいえません」（前掲『小出裕章が答える原発と放射能』、一四六〜一四七頁）ということだ。将来に向かって、安全は担保できないのだ。つまり、「放射性物質」の汚染は半永久的なのである。

●——「経済外的要因」を排除した計算設計

『成長の限界』が「汚染」を経済システム内の因果関係としてしか扱っていないことは、次の一文にも明らかだ。

「世界システムのフィードバック・ループ（本書七四頁以下参照）中の遅れは、システムがゆっくり成長したり、あるいはまったく成長していない場合には、何の問題も起こさない。……必要な措置や政策を導入することが可能である」。

つまり、この「システム」とは、あくまでも「経済内的」なものであり、強力な「経済外的原因」は排除されている。なぜなら、原発事故は、「システムがゆっくり成長したり、あるいはまったく成長していない」場合でも事故がおこればフクイチ事故のように、環境中に甚大な、地球規模の被害をもたらすからだ。

だが、また原発の建設が増大すればするほど、「しかしながら、急速な成長のもとでは、古い政策や措置の結果を正しく評価できるようになるはるか以前にシステムに新しい政策や措置を加えるはめに陥ってしまう。成長が幾何級数的にひどくなる。……幾何級数的に増大する汚染の発生は、危険な点を超えても増大しうる。なぜならば、有害な汚染が発生してから何年もたってはじめて危険な点が判明するからである。急速に成長する工業システムはある資源に依拠する資本をつくりあげることができるが、その後幾何級数的に減少している資源がそれをまかないきれないことに気がつく」（前掲『成長の限界』、一二六〜一二七頁）ということになる、このことは明らかだ。

「われわれは、正のフィードバック・ループがなんの制約もなしにはたらくと、幾何級数的成長を生じるということを見てきた。……それが人口と工業資本の幾何級数的成長をつくりだしている」（同前、一三九頁）ということだ。

だがここでの問題は放射能汚染が、人口と資本が幾何級数的に増大した場合にとどまらず、そうでない場合でも、事故をおこし、化石燃料とは比較にならない環境破壊をおこすということにある。だからそれは、経済活動転換での「汚染」の減少というモデルが、「放射能汚染」の場合は、妥当ではないことを示している。その汚染はこれまでに確認してきたとおりだ。したがって、それは、政治的に解決する手法が媒介されなければならないのである。

●――「エネルギー問題」ではなく「生態系破壊問題」

もう一度、前節の結論を確認したい。

「放射能汚染」の問題は、市場の経済的循環を前提にした「エネルギー問題」ではなく、人間生態系の生存にかかわる問題だということがわかるはずである。化石燃料による環境汚染は、経済活動・消費活動の結果であり、それらの活動を是正すれば、減少する。しかし、原発事故は、原発建設は市場的要請であるが、事故は通常の経済活動によって直接生み出されるもの以外に、地震などの経済外的要因によって生み出され、「人口」「資本」が幾何級数的に増大しない環境においても発生する。だから、原発問題は、エネルギー問題として対処されている限り、さらに、そこに市場的要請が介入の余地を残している限り、永遠に解決できない。人間生態系の保護をめぐる政治問題（生態系問題）として意識されたときに、解決の糸口を見出すことができる。もちろん、化石燃料による環境破壊の進行が地球温暖化を増大させ、重大な気象変動をもたらしている、これも「生態系問題」だということは、はっきりしている。問題は、その解決が、経済活動のあり方を変えることで是正できるかどうかは明白だ。それ（原発）がある限り、これまで見てきたように是正できない。

まさに、原発のない社会は、人間生態系を守るということをパラダイムとする社会のみが、なし得ることなのである。

【注解】『成長の限界』を読む

●――世界管理の方法としての「ローマ・クラブ」報告

いいだももはつぎのように、述べている。「『地上で現在のまま経済成長がつづけば、紀元二〇二〇年、つまり五〇年先には、地球上の人類を支えるに足る資源が枯渇する。現代文明には終止符が打たれ、世界的破局を迎えるであろう』。――この〈ローマ・クラブ〉報告の結語は、近代ブルジョア文明の〝出口なし〟的危機を表白する世紀末的不安のテーゼとして……それがきわめて尖鋭なブルジョア的危機意識の産物であることを、わたしたちははっきりと見定める必要があります。

『成長の限界』を指摘する〈ローマ・クラブ〉報告に対して、右から、たとえば成長マニアの経済学者であるウィルフレット・ベッカーマンのように、『MIT出身の頭でっかちの若造チームによる恥知らずで軽率きわまる一片のナンセンス』にすぎない、と罵倒するようなことが、それ自体ナンセンスであることはいうまでもありません。問題の核心は、ローマ・クラブのブルジョア的危機意識が資本制文明モデルを動かすべからざる前提として、その歴史的枠組みのなかで、環境危機・エネルギー危機を解決しようとするがゆえに、実践上、政策上、地球管理の巨大テクノクラシーに帰結するところにこそあります。

であるがゆえに〈ローマ・クラブ〉提言の実際的・実践的志向は、ブルジョアジーもプロレタリアートもひっくるめた、北の『先進国』も南の『第三世界』もひっくるめた人類的危機の唯一無二の打開の道としての世界管理の強化、いいかえるならば『先進国』本位の世界支配再編としてのテクノ・ファシズム、エコ・ファシズム以外のなにものでもありえないのです」（『赤と緑――社会主義とエコロジズム』「Ⅱ―１　現代的虚偽意識としての〈宇宙船地球号〉」、緑風出版、一九八六年、一四九～一五〇頁）。

●――『成長の限界』の問題意識

それらを踏まえたうえで、ドネラ・H・メドウズらの『成長の限界――ローマ・クラブ「人類の危機」レポート』の内容をまとめれば、次のようになるだろう。

「このポイントは汚染を規制することはそれだけをやるのではだめであり、工業資源を減少させ、工場で生産される物財を減少させることである。資源枯渇と汚染を減少させるためには教育・保険などのサービス部門に経済を転換することだ。

ここでのポイントは、工業生産能力が一定指数（過去の年度モデルで生産水準をとる）を超える場合は、不変資本（生産手段）への投資を、その生産手段の減耗に対する以上には増加させず、食料生産へ過剰になった資本をふり向ける。工業生産を規制し一人当たりに必要な食料と農業生産を組織し、都市における有機廃棄物を利用する。こうして工業資本をサービスと食料生産に移転させることで、工業資本の不変資本（生産手段）の減耗・平均寿命をおくらせ、あるいは化学的生産材料の使用を規制することで汚染を減少させるのである。この場合、生産によって使用される物質、産出される廃棄物質が将来に対して未知の危険があるかどうかを調べていくことが必要である」（拙著『国家とマルチチュード』「第三部第二章『環境的主権』の確立を」、社会評論社、二〇〇六年、二七二頁）ということだ。

これから、具体的に『成長の限界』で論じられている考え方を見てゆくのだが、ここで書かれている用語の意味をまず、確認しておこう。ここでは『成長の限界』発表の二〇年後に、ドネラ・H・メドウズらの同じグループが新たに出した『限界をこえて』の用語解説から引用する。

①「正のフィードバックループ（positive feedback loop）　閉じられているためにループ内の一つの要素の増大が一連の変化を引き起こし、結局、元の要素をさらに増大させるような因果関係の

連鎖。正のフィードバックループは、それが生み出す成長が望まれたものか否かで、『悪循環』にも『好循環』にもなる」。

②「フィードバックループ（feedback loop）　因果関係の閉じた連鎖。一般的にフィードバックループはストックからスタートし、そのストックの状態に応じた一連の決定や行動を経て、再びストックに変化をもたらす」。

③「負のフィードバックループ（negative feedback loop）　一つの変化をひとつながりになった環の全体に伝え、結局元の要素に最初の変化と反対方向の変化をもたらすような因果関係の連鎖。正のフィードバックループは制御できない成長を生むが、負のフィードバックループは成長を調節して、システムを許容範囲内に維持したり、安定した状態に戻そうとする」。

④「ストック（stock）原料、エネルギー、情報などの蓄積、あるいは貯え、水準、もしくは量。ストックはその時のシステムの状態を表わすと同時に、それまでのストックの流出入の経緯を反映する。一般的にストックは時間をかけてゆっくりと変化するため、システムの反応の遅れの原因ともなりうる。ワールド3（コンピューターモデルのこと──引用者）における重要なストックは、人口、工業資本、サービス資本、農地、汚染、再生不能資源である」。

⑤「フロー（flow）　ストックの変化の割合。通常はストックの実際の流出入を指す。ストックを計る単位がどのようなものであれ、そのストックの流出入はすべて一定時間当たり、同じ単位で測定される。世界モデル3のなかでは、人間の年間出生数と死亡数、年間の資本投資と資本減耗、年間の汚染発生量と吸収量、そして再生不能資源の年間消費量などが重要なフローになっている」。

⑥「ソース＝供給源（source）　システムが利用する原料およびエネルギーのフローの源。石炭のソースは、短期的な意味では地下の埋蔵地であり、かなり長期的には森林である。また森林は木材の短期的なソースであり、その森林の中期的な意味でのソースは、土壌の養分、水、太陽エネルギーである」。

⑦「シンク＝吸収源（sink）　システムが利用する原料およびエネルギーのフローが最終的に行き着くところ。大気は石炭の燃焼によって生じる二酸化炭素のシンクであり、都市のゴミ処理場はしばしば森林の木々からできた紙のシンクとなる」。

⑧「スループット（throughput）　エネルギーおよび（あるいは）原料が、おおもとのソースからシステムを経由して最終的なシンクにいたるまでの流れ」。

⑨「幾何級数的成長（exponential growth）　成長する数量が一定の時間内に、その総量に対して一定の割合で増大すること。……幾何級数的に成長する場合には、二、四、八、一六、三二、という具合に、独自の倍増期間をもって絶えず倍増してゆく」（『限界を超えて』、ダイヤモンド社、三三〇～三三四頁）。

●──「人口」と「資本」の幾何級数的増大が環境破壊を増大させる──大量消費社会モデル

「人口は食糧なしに成長することはできないし、食料生産は資本の成長によって増加するし、また、資本の成長はより多くの資源を必要とし、廃棄された資源は汚染をもたらし、汚染はさらに、人々の成長や、食料の増加を妨げる」（前掲『成長の限界』、七四頁）。これが、この汚染増大モデルの基本だ。

そこでの関係は、「五つの基本的な数量または水準——人口、資本、食料、天然資源、汚染——は、未検討の他の相互関係や、フィードバック・ループによっても結ばれている」（同前、七四〜七五頁）ということだ。そこで大量消費社会の進行は次のように説明することができる。

人口と資本が幾何級数的に増大する大量消費社会では、結局は再生可能な天然資源の枯渇によって社会システムの破局が進行する。

この詳細については、「本論」の冒頭「『成長の限界』の枠組み」を参照されたい。

●——安定した「定常的」モデルとは何か

そこでそこからの脱出口として以下のようなモデルが、考えられた。「一人当たりの工業生産が妥当な高さで、しかも長期的に安定なシステムをあらわすような種々の計算が得られる。そのような結果の一つの例が」次のような、モデルである。その手順は次のようである。

「（一）人口は、一九七五年において出生率を死亡率に等しくすることによって安定化される。工業資本は、一九九〇年まで自然に増加することを許し、その後投資率を減耗率（資本減耗率のこと

——引用者）に等しくとることにより同様に安定させる。

（二）「天然資源の不足を避けるため、工業生産一単位当たりの資源の消費量を一九七〇年の値の四分の一に減らす（これとあわせて次の五つの政策を一九七五年に導入する）。

（三）資源の枯渇と汚染をさらに減少させるため、社会の経済的選好を教育や保健施設のようなサービスへと指向させ、工業で生産される物財への指向を少なくする。（この変化は、一人当たりの『必要な』あるいは『望ましい』サービスを所得上昇の関数として与える関係を通して生じさせる）。

（四）工業生産および農業生産一単位当たりの汚染発生量を一九七〇年の値の四分の一に減らす。

（五）上記の政策だけでは、一人当たりの食糧はやや低目になり、伝統的な所得分配の不平等のもとでは、かなりの人々が依然として栄養不足状態にあるという結果が生じよう。このような状態を避けるため、すべての人々に十分な食糧を生産することにより高い価値をおくこととする。したがって資本は、たとえそれが『不経済』であっても食糧生産に振り向けられる。（この変化は、『必要な』一人当たりの食糧と農業投資の関係を通して起こさせる）。

（六）十分な食糧を生産する必要上、高度に資本集約的な農業を重視すると、土壌の浸食と肥沃度の低下が進み、農業セクターにおける長期的な安定性をくずすことになるであろう。このため農業資本の投下は、土壌の肥沃化と保存を最優先するようにおこなわれる。これは、たとえば、都市における有機廃棄物を肥料として利用し、これらを大地に返すことに資本を用いることを意味する。（これはまた、汚染を減らす方策でもある）。

（七）上の六つの条件のもとで、工業資本が、サービスと食糧生産の増大のため、また資源の再循環と汚染抑止のために流出すると、工業の資本ストックは最終的にはきわめて低くなるであろう。この効果を打ち消すために、工業資本の平均寿命を増加させる。これは、耐久性とか修復性を増すように設計が行なわれ、使い捨てが少なくなることを意味する。この政策はまた、資源の消耗と汚染を減少する傾向につながる」（同前、一四五〜一四八頁）。

●――もう一つの案

これに対し、「あとの六つをそのままにし、最初の政策を、一九七五年にはじまるつぎのような政策でおきかえるとしよう」。どうなるか。

「⑴人口は一〇〇パーセント実効のある産児制限を行いうる。⑵望ましい平均的家族構成は、子ども二人である。⑶経済システムは、一人当たりの平均工業生産をほぼ一九七五年の水準に維持するよう努力する。工業生産能力がこれをこえるときには、工業資本に対する投資率を減耗率以上に増加させないで、むしろ消費財の生産に使用する」。

これらの人口と資本の「幾何級数的成長」を排除し、安定状態を持続するためのモデルは一九七五年に「突然に世界に導入できる」ものではなく「徐々に近づくべき」だとされた。だが、重要なのは「幾何級数的成長が続くのを許す期間が長ければ長いほど、それだけ最終的に安定状態に達しうる可能性が少なくなることを認識することが重要である」（同前、一四九～一五〇頁）とされた。ここがポイントになるだろう。

●――「均衡」を実現するということ

これらから、なにがわかるだろうか。これから見てゆくように、持続可能な社会としての安定状態とはなにかということについての、ポイントとなる考え方が導かれるということだ。それを「均衡」という概念で、著者たちは規定している。

「われわれは多くの議論を重ねた後、……人口と資本が一定の状態を、『均衡』と言う言葉で呼ぶことに定めた。均衡とは、相反する力がバランスしたあるいは等しい状態を意味する。世界モデルのダイナミクスにおいて、相反する力は、人口と資本ストックを増加させる力（望ましい家族規模が大きいこと、産児制限の効果が低いこと、資本投資率が高いこと）と、人口と資本ストックを減少させる力（食糧不足、汚染、資本の減耗あるいは陳腐化の率が高いこと）である。ここでいう『資本』は、サービス、工業、および農業資本をあわせたものと解すべきである。このようにして世界的な均衡状態の最も基本的な定義が得られる。それは人口と資本を増加させる力と減少させる力とが注意深く制御されたバランスに達し、人口と資本とが本質的に安定的な状態である」（同前、一五四～一五五頁）。

しかしそこで注意すべきなのは、「均衡状態において一定に保たれるべき量は、人口と資本のみである」ということだ。「大量のかけがえのない資源を要しない、あるいは環境の重大な悪化を生じないような人類の活動は、無限に成長を続けるであろう。とくに、多数の人々が最も望ましくかつ満足を与える人間の活動として数えあげるであろう教育、芸術、音楽、宗教、基礎科学研究、運動競技、社会的交流が盛んになるであろう」(同前、一五九頁)。

そこで奨励すべき課題があげられる。

「社会的進歩は、均衡状態において必要なものであり、また歓迎すべきものである。定常的状態にある社会のはたらきを高めるであろうことが明らかな実際的発見のいくつかの例として、つぎのものが考えられる。

・廃棄物の回収、汚染の防除、不用物を再生利用するための新しい方法。
・資源の枯渇の速度を減らすためのより効率のよい再循環技術。
・資本の減耗率を最小にするため、製品の寿命を増加し、修復を容易にするようなよりすぐれた設計。
・最も汚染の少ない動力源である太陽エネルギーを利用すること。
・生態学的相互関係をより完全に理解した上で、害虫を自然的な方法で駆除する方法。
・死亡率を減少させるような医療の進歩。
・減少する死亡率に出生率を等しくすることをたすける避妊法の進歩。

……発明によってもたらされた生産性の向上は人口と資本の成長に吸収されてしまい、その結果発明は、混雑と環境の悪化、社会的不平等の増大をもたらした。生産性の向上を、生活水準の向上、余暇の増大、すべての人々の環境の快適性の向上などの目標に結びつけることができないという理由はない。そのためには、社会の第一義的な価値を、成長からこうした目標へきりかえることが必要である」（同前、一六二頁）。「欠けている二つの要素は、人類を均衡社会に導きうるような、現実的かつ長期的な目標と、その目標を達成しようとする人間の意志である。このような目標とそれを達成する決意がないならば、短期的な関心によって、世界システムを地球の限界と究極の破局に向けて走らせるような幾何級数的成長が生み出されることになろう」（同前、一七〇頁）。

まさに汚染からの脱出をかけた人類の主体形成が問われているということだろう。

●──何が今のシステムに欠けているのか

この『成長の限界』から二〇年後の『限界を超えて』では、これらの課題は次のように述べられている。

「システム論的見地からは、持続可能な社会とは、情報と社会と制度のメカニズムがしかるべきところに備わっており、人口と資本の幾何級数的成長を生む正のフィードバックループが制御されている社会のことを言う。つまり、人口と資本の水準を変化（よく考慮されたうえでの管理された変化）させることが、技術変革や社会的決定によって妥当と見なされた場合を除いて、出生率が死亡率とほぼ等しく、投資率が資本減耗率にほぼ等しい状態を意味する。社会的に持続可能であるためには、社会の人口、資本、技術の三つの要素が、すべての人に十分な物質的生活水準を保障できるように組み合わされなければならない。また、物理的に持続可能であるためには、社会の原料とエネルギーのスループットが、ハーマン・デイリーの提示する以下の三つの条件を満たしている必要があるだろう。

○再生可能な資源の消費ペースは、その再生ペースを上回ってはならない。
○再生不可能資源の消費ペースは、それに代わりうる持続可能な再生可能資源が開発されるペースを上回ってはならない。
○汚染の排出量は、環境の吸収能力を上回ってはならない」（前掲『限界を超えて』、二六七〜二六八頁）。

やはりここでも「人口」と「資本」の幾何級数的増大ではない文化的な人類の実践が追求される。「持続可能な社会は、物理的拡大ではなく、質的な発展に関心をもつ。……また持続可能な成長は、その価値観と地球の限界に関する最良の知識をもとに、社会の目標達成に実際に寄与し、持続可能性を高めるような成長だけを選択する。そして物質的な成長がその目的を達成したあかつきには、成長を停止させるのである」（同前、二六九頁）。

つまり、「人口と物的資本の幾何級数的成長を減速させ、最終的には停止させる」（同前、二七五頁）ことが必要となる。

持続可能な社会への「ビジョンを描く」こととして、さまざま、上げられているものから、いくつかを、抜き書きしよう。

「・持続可能性、効率、ニーズの充足、正義、公平、共同体が重要な社会的価値となっている」。

「・目的ではなく、手段としての経済。人類社会や環境に奉仕させる経済ではなく、人類社会の幸福や環境のために奉仕する経済」。

「・効率的で再生可能なエネルギー・システム、効率的で循環的な物質システム。

・汚染や廃棄物を最小限におさえるための技術設計と、自然が処理できない汚染や廃棄物を生産しないという社会的合意が存在する。

・土壌を育て、自然のメカニズムで養分を回復させ、病虫害を予防し、汚染されていない食物を豊富に生産する再生型農業が行なわれている。

・人類の文化と生態系が調和のうちに共存することにより、生態系の種の多様性が保存されている。それによって、自然も文化も豊かな多様性を保存することができる。また、その多様性を受け入れ、尊重することができるだけの忍耐と感謝の念が人間の中に育っている」。

「市民にも政府にも、紛争を非暴力的手段によって解決する高度な技能がある」。「物質的なものの蓄積を必要としない生き方ができ、それをよしとする理由がある社会」(同前、二九〇〜二九一頁)。

このようなシステムの創出へ向けて、人類は「脱成長」を積極的価値とする文化を育んでゆく必要があるということだろう。

以上が『成長の限界』で言われている考え方ということになる。

第二章●──福島原発のアルケオロジー

原発の諸問題と「汚染者負担の原則」をめぐって

日本の場合、原発開発は「日本国憲法九条」と「非核三原則」があるなかで、中曽根康弘や正力松太郎などをはじめとする権力者たちが、「原子力の平和利用」をもって、潜在的核武装をめざしたものである。この柱となってきたものが、「日米原子力協定」である。一九五五年に結ばれた同協定は、一九八八年、「非核保有国」の中で日本だけ唯一、核燃料の再処理とプルトニウム供与を認める内容に改定された。現在日本では、使用済み核燃料の再処理をめぐる、再処理工場建設やMOX燃料問題などの諸問題が大きく展開している。現在、日本の保有する兵器級プルトニウムの総量は、五〇トンといわれており、これは、核爆弾五五〇〇発分に相当するといわれている。プルトニウムはウランと混合して保管される。これが混合酸化物（MOX）であり、これを基本にMOX燃料がつくられる。

エネルギーの研究開発でも、他の太陽光などの自然エネルギーの開発などにはまったく予算をつけず、原発優先の財政政策をとっておこなわれてきたものだ。

まさに一九七〇年代以降では、クリーンエネルギー開発としてさまざまな電力技術の開発が可能であったにもかかわらず、原発開発に多くの開発・研究費用・建設費が集中されていった。また例えば電気事業法によって建設コストを発電コストに組み込むことが許されており建設費用は完全に回収することができた。

●――福島原発の歴史的経緯

ここで福島原発の設計のあり方を見よう。

「……一九五〇年代後半から、東京電力は商業原発の候補地を探していた。大量の冷却水を確保するため、候補地は沿岸部に絞られたが、東京沿岸、神奈川、千葉房総地区で広大な用地を入手するのは困難を極めた。そこで浮上したのが、福島県沿岸部にあった国土計画興業所有の土地だった。

面積約一〇〇万平方メートルのこの土地は、戦時中は旧陸軍の『磐城飛行場』だった。それが、戦後六〇人に払い下げられ、その六〇人から原発計画をいち早く知り得た堤康次郎が買い取っていたのであった。

当時の東電社長で経済同友会の代表幹事を務めた木川田一隆氏と堤氏との土地売買の話はトントン拍子で進み、六四年一一月に東電が直接、原発用地の約三割にあたるこの土地を買い取ることで決着したという。

この土地の歴史をたどる時、誰しも、そもそも何故、陸軍が所有していたのかという疑問を持つであろう。

陸軍が所有していたのは、明治初期に行なわれた土地の官民有区分の際に名乗り出た地主がいなかったためであろう。官民有区分の際には、それまで利用していたことを名乗り出た者が利用の事実を確認されたうえで地主になったのだが、当時は、地主になれば地租を取られるというので利用していても名乗り出ない者がすくなくなかった。名乗り出る者がいない土地は官有地に編入された。そのため入会地の多くが官有地に編入されることとなった。

明治政府のほうも、官軍（薩長土肥）中心であったから、賊軍の地の東北地方を蔑視して『白川以北一山百文』と侮辱的に呼んでいた。そのため、住民が利用していたか否かにおかまいなく、強圧的な姿勢で官有地に編入したという。東北地方に国有林が多いのはそのためである。

陸軍飛行場の由来も国有林と大同小異にちがいない。そんな土地が陸軍を経て国土計画興業に買い占められ、東電に売却されて、大儲けにつながった。本来なら福島県の農漁民等の利用に提供されるべき土地が、一部の特権層の大儲けに使われた。その結果、福島原発事故が起こり、大量の放射性物質が、福島県をはじめ、日本全国を襲うことになったのである」（熊本一規『脱原発の経済学』「第四章　脱原発社会を如何に創るか」「三　再生可能エネルギーを誰が担うか（一）福島原発敷地は堤一族のものだった」、緑風出版、二〇一一年、一七六頁以降）。

まさに資本主義国家による収奪をへた、国家政策として原発がこの地に立地されたということだ。

●——日本における戦後原発建設の意味

そもそも原発は、大量消費社会のエネルギーとして必要だと位置づけられてきたものにほかならない。都市文明と工業化社会のライフスタイルへの電力供給として、東電は事故被害を少なくするため、都市・東京より遠隔地に原発をつくり、一キロメートル二〇億円といわれる超高圧送電線を敷いて重厚長大な電力システムをつくってきた。まさに、東京・大都市の大量消費社会・工業化社会＝「中心」を支える「サテライト」として福島などの農村部に原発が建設されてきたのである。まさに大都市の大量消費社会のため事故被害を農村部に押しつけ、犠牲を押し付ける構造として、例えば福島原発は建設されたということだ。

原発を一九七〇年代以降、石油代替エネルギーの戦略軸とし、開発予算のほとんどをこれに投入した結果、例えば太陽熱・光発電、バイオマス発電など自然エネルギー発電の開発は後回しにされつづけてきた。

これらの自然エネルギー発電などのいわゆる分散型電源システムは、地域単位の特性にみあったエネルギー供給を可能とすることができるシステムだ。まさにこれらのさまざまな技術革新をつうじて東京・大都市で農村部に原発をおしつけない電力エネルギーシステムの形成が可能となり、大量消費社会のライフスタイルからの転換の技術的条件を形成してゆけることになるのである。もちろん、これらの分散型電源は地方農村部に適したシステムでもある。これらの技術革新と従来からの水力・火力発電などのベストミックスを設計してゆくことが課題となるだろう。まさにそれらの技術開発が後回しにされてきたということだ。これが原発開発の経緯としてあることだ。

最近では原発推進派は、原発はCO2を出さないなどと、「クリーン」だと宣伝してきた。また「原発は安全」というだけで、原子力災害の危険性や、原発内労働での被ばくなどは、ほとんど、隠蔽してきたのだ。こうした原子力社会化の正当性を自ら失墜させるものとしてフクイチの大事故は起こったのである。

●――収奪と差別に立脚した原発政策

このような収奪と国策的建設という事項は、電源三法交付金での原発立地地域の交付金型の原発政策への経済的従属とその原発技術の特性から生み出される構造的な差別を組織することで展開してきた。

「電源三法交付金制度は、『必要性』から二十二年後の二〇〇三年にようやく改正され、交付金の使途が地場産業振興、福祉サービス提供事業、人材育成等のソフト事業へも拡充されたものの、雇用効果も財政効果も一時的であるという基本的性格は変わっていない。雇用効果について付言すれば、発電所の運転開始以降、地元雇用を支えているのは発電所の定期点検である。定期点検は、一基だけであれば一年に三か月程度しか仕事がないが、八基あって時期をうまく調節すれば、常時仕事があるようにできる。……財政効果についても同様である。一基だけであれば、固定資産税は法定耐用年数（原子力十六年、火力十五年）の間に減価償却されて残存価値にかかるだけになり、電源三法交付金は、建設開始から運転開始後五年後まで交付されるから、おおむね十二年間程度で交付は終わる。……それ故にこそ、恒久的振興につながるような政策がとられることがなかったといえる。……地元に増設を受け入れさせるために、効果を一時的にとどめるようにされているのである。……原発依存が強まる一方で、地域が地域の自然を活用して自立的に生きる力が損なわれ、地域が蝕まれてゆく。原発による効果は麻薬による効果と全く同じである」（同前、一一四〜一一六頁）。

「経済性で安全性を切ること、及び経年劣化が避けられないことから、『安全な原発』はあり得ない。……いったん事故が起きた時に人間が近づけなくなるような設備は原発だけである。放射能が生命と共存できないからである。……他の機器や設備とちがって、そもそも造ってはならないのである」（同前、一三四頁）。

つまり、ここからも化石燃料による「汚染」では計れない要素があることがわかるだろう。

●──差別を「設計思想」とした原発建設

「原発には差別が不可欠である。一つの差別は被曝労働者への差別である」。原発での労働は、つねに「被曝労働」としてある。「被曝労働をするのは電力会社の社員ではない。今では『協力会社』

と呼ばれるようになった下請けや孫請けの社員が多い。被曝したり怪我をしたりしても、会社が元請け業者や電力会社に気兼ねして握りつぶしてしまい、表に出ないことが多いという。加えて、東京の山谷、横浜の寿町、大阪の釜ヶ崎など、いわゆる寄せ場から集められてきた日雇い労働者も多い。寄せ場の労働者は家族関係を断ち切っている人が多いので、被曝して死亡しても問題にされることが少ないからといわれている」。

原発だけではなく、「ウラン鉱の採掘にはじまって、ウランの精錬・転換・濃縮、使用済み燃料の貯蔵・再処理、放射性廃棄物の貯蔵など採掘から処分までのあらゆる過程で被曝労働が避けられない」(同前、一三六頁)。

この間のフクイチの現状で言うと、例えばこうだ。

二〇一三年八月、汚染水タンクから三〇〇トンもの汚染水が漏えいしたことが東電によって発表された。「漏れた汚染水の水たまりの空間放射線量は『毎時一〇〇ミリシーベルト』だった。東京都新宿区の最近の数値は〇・〇三五マイクロシーベルト(マイクロはミリの千分の一)前後で、約二八五万倍と極めて高い」(東京新聞、「こちら特報部」面、八月二二日付)。

こうした環境での被ばく労働がおこなわれている。作業員の安全対策は、緊急の課題であり、これをやったから、あとはいいということはなく、例えば作業のための足場ひとつとっても、放射能遮断設備のあり方など、こまかな対策が積み上げられるべきといわれている。

「二つ目の差別は、電力需要地域の供給地域に対する差別である。……原発が当該電力会社の電力の供給を受けていない遠隔地に立地しているのは、原発が危険だからである」。まさに、かつて、反原発運動で言われた「東京に原発を」というメッセージに関わる問題である。

「二つ目の差別は、後の世代に対する差別である。……原発は、低レベル放射性廃棄物や高レベル放射性廃棄物を伴ううえ、原子炉自体が巨大な放射性廃棄物となる。フィンランドが高レベル放射性廃棄物を十万年も管理することが示すように、放射性廃棄物は後の世代に莫大な負の遺産を押し付ける」(同前、一三五～一三八頁)ことがあげられる。

まさに、これまで概観したように社会的危機と差別を増長させてゆく原発は、人類と共存できないのである。廃炉あるのみだ。

●――フクイチのメルトダウン事故について

そこでフクイチ原発事故のそもそもの、発生機序を確認することで、この事故の重大性を共有していきたいと思う。

ここでは『小出裕章が答える原発と放射能』(河出書房新社、二〇一一年)に依ってその内容を簡単に概観したいと考える。この本の内容は、毎日放送MBSラジオで、毎週月曜日～金曜日まで夜九時～一〇時の枠で放送されていた「ラジオニュース たね蒔きジャーナル」(二〇〇九年一〇月五日～二〇一二年九月一二日)で、毎日のように、一〇数分間の小出裕章のインタビューの時間があったがそこで小出裕章がのべていたことが簡潔にまとめられているものだ。

ここでは、用語概念によって整理するという方法をとるものとする。

（1）「ブラックアウト」

「原子炉とは、ウランを燃やして核分裂させることによって、熱を出す装置ですが、炉心から発生する熱にはウランの核分裂によるものと、その核分裂によって出る崩壊熱というものがあります。地震が起きたとき、炉心に『制御棒』を差し込んで、核分裂そのものの熱は止めることができたのだと思います」。ところが、崩壊熱のほうはすぐには止めることができません。……（水を送るために――引用者）ポンプを動かす電源が必要ですが、地震が発生した際に原子炉を緊急停止させたため電気を使えず、また送電線が倒れたり、用意していたディーゼル自家発電機も津波に襲われて水没していたようです」（一四～一五頁）。外部からの電源車も発電所の系統につなぐ接続点が水没。原子炉を冷却することができなくなった。「発電所の総ての電源の停電＝ブラックアウト」（二〇頁）がおこったのだ。

さらに、「五月下旬に、東京電力の解析結果から三号機にある『高圧注水系』と呼ばれる冷却システムが地震で壊れていた可能性があることがわかりました。これは、緊急停止した原子炉を冷やすために必要なものです。核燃料の余熱による水蒸気を主な動力源としており、電源がなくても動くので、大きな地震が起きたときに求められる重要な機械の一つです。それが地震で壊れていた可能性があるということです」（三一頁）。津波だけではなく、その前の地震によって、原子炉は相当のダメージをうけていたことがわかる。

（1）「水素爆発」

「三月一一日の原子炉のブラックアウトの後、原子炉は冷却ができず、高温、空焚き状態になり、圧力容器の中は水蒸気によって圧力は高まっていきました」。格納容器の非常用バルブをあけて、蒸気を放射性物質と一緒に放出したが、一二日の午後、一号機で水素爆発がおこった。「水素爆発が起きたのは、ジルコニウムという金属でできた燃料被覆管、燃料を入れているさやの温度が八五〇度以上になり、水と反応し、水素を発生させたのだと思います……そして、一四日に三号機、一五日に二号機と止まっていた四号機でも水素爆発が起こり、建屋を吹き飛ばしました」。ポイントは、ここからだ。

「当時東京電力は水素爆発によって原子炉から放出された放射性物質はヨウ素とセシウムと発表していましたので、私は燃料ペレットが溶け出す事態にはなっていないと思っていました。しかしその後、福島第一原発の敷地内でプルトニウムを検出、周辺からはストロンチウムも検出されました。これは、初期の段階で燃料ペレットまでとけてしまっていたことを示します」（一七頁）。

その意味は次にある。

（2）「メルトダウン」

「五月一二日、東京電力は一号機の原子炉圧力容器に水がたまっておらず、高熱のため燃料棒の多くが溶融している、つまり、『メルトダウン』していたことを発表しました。

私は三月下旬から『燃料の一部が溶融しているのではないか』と言ってきました。それは第一原発の敷地内でプルトニウムが検出されていたからです。プルトニウムは飛び散る性質のものではないので、燃料ペレットが溶けださなければ外に出ることはないのです。

メルトダウンとは、圧力容器内の炉心部に冷却水が循環しなくなり、中の燃料棒が空焚きになって溶融し、注水した水や溶けた燃料（ウラン）が圧力容器の底に落ちてたまる状態のことをいます。……また、六月六日になって、原子力安全・保安院が一号機は地震発生から五時間後に、二号機、三号機は三月一四日にメルトダウンしていたと発表しました」（一八〜一九頁）。

（3）「メルトスルー」

「核燃料（ウラン）が圧力容器に溶け落ちてしまったことが『メルトダウン』なら『メルトスルー』は、溶け落ちた核燃料が圧力容器を突き破り、格納容器内に落ちてしまった状態のことです。……ただし、政府は圧力容器の底から漏れ出した核燃料は、格納容器の中に堆積している可能性があると報告しています」。注水を続けている一つの理由である。

ここで次のことがポイントになる。

「圧力容器は厚さ一六センチという分厚い鋼鉄でできています。核燃料（のペレット——引用者）は二八〇〇℃くらいにならないと溶けませんが、鋼鉄の圧力容器は約一五〇〇℃で溶けてしまいますので、溶け落ちた核燃料の熱さで圧力容器の底に穴が開き、メルトスルーになってしまったのでしょう。……格納容器も鋼鉄でできていますが、一六センチの厚さのある圧力容器に穴を開けて格納容器の底に溶け落ちてきたのならば、たとえ底に水があったとしても冷やすことはできないでしょう。核燃料は格納容器の底にも穴を開けてしまい、原子炉建屋の地下の床に落ちているはずです」（二二頁）。

(4)「メルトアウト」

「原子炉建屋の地下は分厚いコンクリートです。溶けた核燃料の一部は地下の床を浸食し、一部は汚染水に浸食され周囲の壁を溶かし、原子炉建屋を突き抜けていると思います。

核燃料が原子炉建屋の外部に漏れ出て、周囲に超高濃度の放射性物質をまき散らす『メルトアウト』という最悪の状態になってしまっているのではないでしょうか」（二二頁）。

「核燃料は、最終的には地下水に冷やされて固まるでしょう。そして地下水を汚染します。……すでに福島周辺の海からストロンチウムが検出されていますが、このストロンチウムは、原子炉建屋から突き抜けた核燃料ではないかと思います。なぜなら、ストロンチウムは酸性で水に溶けにくいという性質があるにもかかわらず、海から検出されたからです。このストロンチウムは、溶けた核燃料が原子炉建屋のコンクリートと接触して化学反応を起こしたものでしょう。化学反応によってアルカリ性に変わり、水に溶けるようになったのです。それが地下水を汚染し、海に流れたのだと思います」。

「内部被ばくに限っていうとストロンチウムは、セシウムより五〜一〇倍の危険度が高い放射性物質です。ストロンチウムに汚染された地下水が海へ流れているので、当然、魚に影響を与えています」（二二〜二三頁）。

こうして、ブラックアウト→メルトダウン→メルトスルー→メルトアウトという展開があり、そのことを原因として水素爆発も起こったということである。

なお、福島の水素爆発は、チェルノブイリ原発事故の時の水蒸気爆発とは区別されるものである。「福島第一原発の二号機、三号機の原子炉で水蒸気爆発が起きたら、すさまじい放射能が全世界を覆い、首都圏はおそらく壊滅しています」（一九頁）ということだ。

注水を続けている理由の一つには、炉心はすべて溶け落ちておらず、形状をとどめている所がある可能性がある、そうだった場合に、注水冷却をやめた場合、燃料ペレットが溶けだし、水と接触して水が瞬時に沸騰し水蒸気爆発を起こす危険性があるということである。このため注水をつづける必要があるということだ。いろいろな状態や想定が考えられるが、いずれにせよ破壊され大量の水漏れが存在する原子炉内に核燃料物質が存在する場合、注水冷却は不可避ということになる。

●—〈汚染者負担の原則〉（PPP：polluter pays principle）と原発事故

賠償の問題だが、いわゆる「子供・被災者生活支援法」がいっこうに動き出していない。同法は第二条基本理念において、放射線被ばくによる健康への長期の影響を認め、また、その第二項では自主避難者の権利と立場を支援するものであった。だが同法は実践されているとは言い難いとの批判がかねてより、でている（二〇一三年一二月現在）。それは政府・東電が社会的な汚染者責任の当事者として自ら自己批判し、その自己批判にもとづいた法制的責任をはたそうとしていないことと密接に関係している。

これに対し「福島原発告訴団」などをはじめとして、公害罪法などでの政府・東電に対する責任追及の運動が展開されてきた。その趣旨は被ばくを受けた人々、被ばくを受ける私たちの人権を守る運動として展開されているものだと考える。まさにその前提となるものが「人間生態系問題」とセットで提出されるべき闘争なのである。

●——被害の深化・拡大と汚染者負担原則

そこで、「安全」な運用が、果たされず、起こしてしまった事故の結果に対する賠償と罰則の定義を問題にする必要がある。

全体像はここでは、字数の関係でのべられないが、基本的な方向性を書いておこう。フクイチ（福島第一原発）事故＝福島核事故に対しては、環境問題の原則のひとつである「汚染者負担の原則PPP」を原子力村の権力者たちに対して適用する必要がある。具体的にはフクイチ原発をはじめとして東京電力が自分の土地のなかで処理施設をつくり、処分することを第一の原則とする。

例えば、今後どう決着するかは別の問題として、滋賀県嘉田知事（二〇一二年現在）が、次のような行政的コメントをしめしたことが、典型的な一つの事例となるだろう。

「琵琶湖に流れ込む滋賀県高島市の鴨川の河口付近に放射性セシウムに汚染された木材チップが放置された問題で、嘉田由紀子知事は一三日（二〇一三年一一月一三日――引用者）、現状では受け入れ先がないとして『排出者責任を問い、トラックにチップを積んで原発事故でセシウムをばらまいた東京電力に持ち込んではどうか』と述べた。年内撤去を求める福井正明・高島市長と県庁内で会談した場で語った。嘉田知事はチップが東電福島第一原発事故で汚染されたことは明らかとし、『前例のない事態で処分場の受け入れ先もなく、国も出口を示してくれない。排出者責任という原則に戻るしかない』と指摘。東電側とは『今後協議をしたい』とした」と報道されている（朝日新聞電子版、二〇一三年一一月一三日、一五時一三分配信）。つまりここでは、「汚染者責任の原則」ということを意識化し、その観点で解決のルートをつけるということが言われているのである。放置された量は二〇〇〜三〇〇トンといわれているが、この問題は、二〇一四年一月に入り、地元の市民団体が、木材チップの放置に係わった東京のコンサルタント会社社長などを廃棄物処理法、河川法違反の疑いで、滋賀県警などに告発する事態となっている。

すでに汚染者原則にもとづく訴訟はフクイチ事故に関連して起こされてきた。

①二〇一三年一一月五日、福島第一原発事故が発生した際、福島刑務支所で服役中だったために被ばくし、精神的苦痛をうけたとして、鹿児島市の女性が東京電力に慰謝料三〇〇万円を求める裁判を鹿児島地裁に提訴した。「訴状によると、女性は二〇〇九年一一月〜昨年（二〇一二年――引用者）一月に服役していた。原発事故後、移送先がないとして避難できず、被ばくによる不安から妊娠に

踏み切ることができず、現在も抑うつ状態で通院しているとしている。国の指針によると、同刑務支所は、原発から約七〇キロで、賠償対象（自主的避難等対象地域）にある。女性は昨年一一月、原子力損害賠償解決センターに和解仲介の手続きを申し立てた。今年五月に打ち切られたため提訴したという」（毎日新聞電子版、二〇一三年一一月二六日、一九時二六分配信）。

②二〇一一年八月、福島県二本松市のゴルフ場が、汚染の除去を求めて東電に対し、「仮処分裁判」を東京地裁におこした。ゴルフコースの線量が高く営業ができないという怒りの告発だった。これに対して東電は「原発から飛び散った放射性物質は、東電の所有物ではなく無主物であり、東電は除染に責任をもたない」と言い放ったのである。一〇月、判決が出たが、「無主物」問題には立ち入らず、国の除染計画が未定を理由にして原告の敗訴という判断が示された。

「ここでもしも、裁判所が『無主物』との東電の主張に与するとすれば、これまでの公害裁判の歴史は、一挙に否定されることになる」ところだったのである（槌田敦ほか、『福島原発多重人災　東電の責任を問う――被害者の救済は汚染者負担の原則で』、日本評論社、二〇一二年、一一三頁）。

そこで、この公害裁判などの歴史でこれまで中心となってきたのが、PPPである。

「水俣第一訴訟審理中の一九七二年、OECD（経済協力開発機構）は、公害対策のために出費した企業と公害対策をしないで費用を節約した企業の不公平を解決するため、汚染者が汚染により生ずる費用を支払うという原則（polluter pays principle：PPP）を勧告した。

日本では、この原則を、企業と企業の関係だけではなくて、被害者と加害者の関係にも適用し、『汚染原因者の負担』という意味で多くの公害裁判で使われることになった。汚染による損害の『支払い』の原則だけでなく、支払いを含む広義の『負担』の原則なのである。今回の福島第一原発事故による災害についても、この汚染者負担の原則により、解決が進められることになる」。

「『汚染者負担の原則』は、具体的には刑法と民法の適応で実施される。

刑法第二〇四条、二〇五条（傷害罪）、刑法第二〇九条、二一〇条（過失傷害罪）に加えて、刑法第二一一条①には、『業務上必要な注意を怠り、よって人を死傷させた者』に対する罪が規定されている。元チッソ幹部に有罪判決が出たと同じように、多数の東電幹部の有罪判決となるであろう。

また、民法第七〇九条には、『故意または過失によって他人の権利または法律上保護される権利を侵害した者は、これによって生じた損害を賠償する責任を負う』とあり、また同法七一〇条には、『前条の規定により損害賠償の責任を負う者は、財産以外の損害に対しても、その賠償をしなければならない』とある。この条項によって精神的苦痛などに対する慰謝料の請求が可能となる」（同前、一二四頁）ということだ。

まさにＰＰＰは、日本の公害裁判では「汚染原因者の負担」として使われてきたものだ。

●──ＰＰＰの適用条件──原陪法問題

原発事故の場合、ＰＰＰの適用条件として次のような問題がある。

原子力損害の賠償に関する法律は、その第三条で、次のように定めている。「原子炉の運転等の際、当該原子炉の運転等により原子力損害を与えたときは、当該原子炉の運転等に係る原子力事業者がその損害を賠償する責めに任ずる。ただし、その損害が異常に巨大な天災地変又は社会的動乱によって生じたものであるときは、この限りでない」。

「この限りでない」とは、責任逃れ、原発を否定されないためのものとしか考えられない。危険なものは危険なのである。まさに原発そのものが「未必の故意」に他ならない。「未必の故意」とは、「行為者が、罪となる事実の発生を積極的に意図・希望したわけではないが、自己の行為から、ある事実が発生するかもしれないと思いながら、発生しても仕方がないと認めて、行為する心理状態」（広辞苑）のことだ。これをふまえたうえで、この場合のＰＰＰの適用条件について見てゆこう。

この上記した賠償法の規定は無過失責任についての定義にほかならない。つまり、この「原賠法（原子力損害の賠償に関する法律）は、故意または過失を要件とせず、発生する損害に対して賠償する責任（無過失責任）を規定したものであって」、「東電の行為に未必の故意または業務上過失の疑いがあることを明らかにする必要がある」（同前、一三七頁）ということになるわけである。

例えば、「東電は、今回の津波を『想定外の津波である』と言い訳した。しかし、福島第一原発が一〇・二メートルの津波に襲われれば、防波堤の南側からの遡上高は一五・七メートルになるという試算結果を二〇〇八年六月に得ていた。当時の社長であった勝俣社長は、これについて何らの指示をすることなく、その六月に社長から会長に昇進した。

その結果、同発電一～四号機のＥＣＣＳ高圧注水系に用いる非常用発電機をタービン建屋の地下室にすべて置いたままにして、津波による浸水で使用できなくしてしまった。この発電機が使用できない場合の対策として用意していた非常用蓄電池も形ばかりで、短時間で干上がり、役に立たなかった」など安全対策・津波対策をおこたったのは、「これに費用がかかるからであって、東電の重大な『未必の故意』の犯罪である」（同前、一四二～一四三頁）などとして、その「未必の故意」「業務上過失の疑い」を立ててゆく必要があるということだ。

●――階級闘争として闘う必然

原発政策は国家・財界が国策として、電力会社が独占企業というかたちで生活者の判断の手順を与えず、有無をいわさずに展開し、また政治的には「原子力の平和利用」（潜在的核武装の担保、核安保カード）のために、それをエネルギー政策として必須の国民的課題とでっち上げ推進してきた。エネルギー技術開発の費用も原発に大きくかたより、自然エネルギー発電や分散型電力の技術開発は抑制された。そして「安全神話」をまき散らし、反対派と反対運動を警察機動隊などの暴力や、現地での村八分などで弾圧してきたのが原発政策だ。

だからこの問題は東電・政府と民衆との「責任と正義」の所在をめぐる〈反原子力権力〉〈反原子力国家〉という意味での〈階級闘争〉の問題だと考えなければならない。

第三章●――グローバリゼーションと緑の地域主義

ラトゥーシュ〈脱成長〉論の価値論的解明

本論で論じようと考えていることは、世界資本主義のグローバリゼーションに対し〈地域主義〉を掲げて対抗することの有効性についてである。

最初に断わっておくが、この場合、「世界資本主義」とは平板な〈帝国〉なるものを意味するものではない。世界は、資本主義諸主導国（＝帝国主義諸国）をはじめとする、「帝国主義国間対立」と、多国籍企業のグローバルな活動という主要にこの二つの軸が交差する座標系を組んで展開している。

だから例えばネグリなどがいう〈帝国〉なる「超国家的国家」などは存在しない。「帝国」なるものは、論者たちの〈分析視角〉としては存在するし、そういう分析が有効な場合もあるということ以外ではない。

もちろん、「ビットコイン」が〈帝国〉の通貨になったら、〈分析視角〉のみの話ではなくなるだろう。

本論でいう「世界資本主義」とは、〈帝国〉ではなく、世界資本主義市場の諸関係を構造として、複合的な国民国家と資本の諸関係が重層的におりなす〈諸関係〉を実体的に表現したものをいうと規定しておく。そこでは「帝国主義国間の対立と協調」が存在する。

そこで現実の問題だが、現代の新自由主義グローバリゼーションは、実質上、アメリカン・グローバリゼーションというべきヘゲモニーを主要な要素の一つとして展開している。このヘゲモニーは、世界を合衆国キャピタリストのルールでもって、「平準化」しようとしているが、それはグローバリズムの平等ではなく、アメリカが一人勝ちするような作戦体系が前提となっていることだ。それがＴＰＰ（環太平洋経済連携協定）で、持ち出されてきたルールづくりである。

その様相をまずは、確認するところから、見ていくことにしよう。

●――グローバリゼーションと地域経済・環境目的規制の破壊

「現在交渉中のＴＰＰは、すでに二〇〇五年五月にチリ、シンガポール、ニュージーランド、ブルネイの四ヵ国で妥結された『Ｐ４協定』にかなり近い内容になるのは間違いない。……物品貿易の関税については、ほぼ全品目を対象に、即時または段階的に撤廃することとされている。また、注目されるのは、政府調達やサービス貿易における『内国民待遇』が明記されていることである。内国民待遇とは、自国で経済活動を行う条件や権利について、自国の国民・企業と同一の待遇を相手国にも保障するルールである」（鈴木宣弘、木下順子『よくわかるＴＰＰ48のまちがい』、農文協、二〇一一年、三八頁）。

そういう条件の下で、ＴＰＰには、「ＩＳＤ（Investor-State Dispute）条項」、いわゆる「毒素条項」も盛り込まれる。これはＮＡＦＴＡ（北米自由貿易協定）や米韓ＦＴＡにも入っているが、外国企業や投資家が、日本でビジネスを展開するのに障壁と見なされるルールがあった場合、外国企業・投資家が日本政府を直接訴えて賠償請求し、かつそのルールを廃止させることができる条項である。

アメリカが、追求している大原則は、「競争条件の平準化（Leveling the playing fields）であり、これはつまり、アメリカにとって参入障壁となるルールはなくせ、ということである。これと毒素条項が組み合わされると、様々な公的制度、環境基準、安全基準も訴訟の対象とされて、国に対して損害賠償や制度撤廃が請求される」。例えばアメリカはカナダに二酸化炭素排出基準の緩和を、オーストラリアには薬価補助制度（低所得層のために薬価を低く維持する補助金制度）の廃止を要求している（同前、四一頁）。

ＩＳＤ条項での訴訟では「米国企業は、相手国の事情にはおかまいなく訴訟を起こし、実際に損害賠償を勝ち取っているケースが多々ある。しかも、判断を下す国際投資紛争仲介センターは世界銀行の下に設けられている。世界銀行は総裁がつねに米国人で、米国の影響が強く、米国に有利な判決が出される傾向が指摘されている」（同前、四二頁）。

ここまでが、ＴＰＰ等、新自由主義貿易での前提となることだ。

【事例一】「NAFTAの規定に基づく投資家対国家の訴訟案件のうち、実に四〇％にあたる案件が、公衆衛生、環境目的でカナダ政府が『予防原則』を適用した規制に関するものである。例えば、カナダ政府は、ニューロトクシン（グルタミン酸ナトリウムなどの神経興奮毒物――引用者）の国際・州際取引の禁止措置に関連してエチル会社（Ethyl Corporation）から一三〇〇万USドルの支払いを求められた。また芝の除草剤の販売と使用を禁止したケベック州政府は、米国のダウ・アグロサイエンス社（Dow Agro Sciences）から提訴され、二〇〇万USドルの支払いを求められており、ダウ社は、ケベック州の販売・使用禁止は、単なる政治的な背景に基づく『予防原則』の適用にすぎず、科学的な根拠が不十分であると主張している」。だが「この不十分な根拠こそが『予防原理』を政府が適用する理由である」（同前、四三頁）。

【事例二】米国通商代表部は、米国の輸出品に対する不当な技術的障害などとして、「豚インフルエンザ、バイテク、BSE、鳥インフルエンザ、飼料添加物のラクトパミン、最大残留許容値（MRL）を挙げている。また、GMO（遺伝子組み換え）とバイテク食品に関する義務表示制度は、すべて貿易に対する正当化しえない障害であると米国政府は考えているようである」（同前、四四頁）。

アメリカは、農薬などの残留基準値をコーデックス委員会（国際商品規格委員会）のMRL、またはアメリカのMRLと異なるものについて、これを「貿易障壁」として位置づけている。例えば「二〇〇九年に日本の規制当局は、恒久MRLが設定されるまでの措置として、一律に〇・〇一ppm

の基準を設定したため、米国のセロリとイチゴ生産者は日本にその生産物を輸出することができなかった」（同前、四五頁）という問題である。

アメリカン・グローバリズムは、他国の関税を解体し、アメリカよりも商品の健康・環境目的での基準が厳しいものには、これを「貿易障壁」「非関税障壁」として訴追するということによって、「内国民待遇」を条件とした他国の米国化を追求しているのであり、これが、アメリカン・グローバリズムの大きな特徴となっているのである。

【事例三】そこで、日本の問題だ。企業負担を減らす目的で、食品安全基準の規制緩和を、貿易相手国に要求するという問題がある。

「たとえば、米国通商代表部（USTR）の『二〇一〇年外国貿易障壁報告書』は、『米国の貿易の重大な障壁となるこれら特定の種類の措置及び慣行を確認し、撤廃しようとする本政権の努力を明示している』と記載しています。このように米国政府は、自国の『貿易に対する重大な障壁』があると認識すればそれを相手国政府に撤廃させようとしているのです。

この報告書では『重大な障壁』として、『日本は、ポストハーベスト（収穫後）に使用される防カビ剤を食品添加物として分類し、これに対して完全に独立したリスク評価をうけるよう要求している。……さらに、日本の食品表示法は、ポストハーベスト防カビ剤を含むすべての食品添加物の販売の小売店時における告知を要求している。……このような要求事項は、日本の消費者が米国産品を購入することを不必要に妨げている』としています。つまり、ポストハーベストとして使用される防カビ剤の食品添加物扱いをやめるよう要求し、さらに、農薬の最大残留基準値についても『日本がコーデックスの国際基準に合致した基準値の実施措置を導入するよう、米国は日本に対して強く求め続ける』としています」。

「今、ポストハーベスト防カビ剤は、柑橘類に使われているOPPとTBZ、OPPナトリウム、ジフェニール、さらに柑橘類とバナナに使われているイマザリルの五品目です。これらが、表示義務のない残留農薬扱いになれば、食品添加物表示から外れることになり、輸入柑橘類やバナナにポストハーベスト防カビ剤が使われているかどうかわからなくなります」。「コーデックスの残留農薬基準はポストハーベスト農薬の使用を前提とした基準となっているため、農薬残留水準は高く設定されています」（小倉正行＋合同出版編集部編『これでわかるTPP問題一問一答　日本を崩壊させる58の危険』、合同出版、二〇一一年、一〇九〜一一〇頁）。

これらの殺菌剤がつかわれるのは、輸出農産物の航海時間などとの関連で、カビ防止剤の添加ということが、行われているわけである。

もっともポストハーベスト農薬を「食品添加物」として認めることとそれ自体にも問題があることは、確認すべきだろう。「カビ（糸状菌）の細胞の原形質膜にダメージを与える殺菌剤は、多かれ少なかれ、人の細胞の原形質膜にもダメージを与える」（石堂徹生『TPPで激増する危ない食品！』、主婦の友社、二〇一三年、四六頁）ことは、十分ふまえるべきだ。

「米国で認められている食品添加物で、日本で認められていない食品添加物を使った加工食品は、食品衛生法違反として、日本への輸入は認められていません。米国では約三〇〇〇品目の食品添加物が使用を認められているとされ、それに対して、日本では、指定添加物（四一三品目――食品衛生法に基づいて安全審査をして、使用を認められた食品添加物）、既存添加物（四一九品目――指定されるまで天然添加物として、使用が野放しにされたものであるが、指定の際には安全審査をすることなく一部指定された。一九九六年指定）の八三二品目ですから、二一〇〇品目以上が使用を認められていない食品添加物なのです。米国政府は、米国で使われていて、日本で使用が認められていない食品添加物の検査・認可を一刻も早くするように躍起になっているのです」（前掲『これでわかるTPP問題一問一答』、一一五～一一六頁）。

【事例四】コメの生産力の問題だが、「日本で一俵（六〇kg）当たり九〇〇〇円の生産コストで経営している最先端の大規模農家も、米国の一俵三〇〇〇円のコメがゼロ関税で入ってきたらひとたまりもない。欧州の水準を超えるほど規模拡大が進んでいる北海道の酪農でさえ、乳価は一kgあたり約七〇円であり、オセアニアの一九円には太刀打ちできない」（前掲『よくわかるTPP48のまちがい』、六九頁）。

そもそも「日本の稲作は、一五ha以上の大規模層でも、生産コストが一万一五〇〇円である。……一方、TPPに参加した場合の競争相手は、米価二〇〇〇円程度のアメリカやオーストラリアなのである。アメリカの平均耕地面積は約二〇〇ha、オーストラリアは三四〇〇haにものぼる。とくに西オーストラリアの小麦地帯の農家だと、一区画が一〇〇ha、全部で六〇〇〇ha、労働力は二～三人という経営も珍しくない。一方、日本ではかなり規模が大きい一〇〇haの稲作経営といっても、実はその田んぼは五〇〇カ所以上に分散しているような例も多く、たった二人では手が回らない。日本の土地条件ではどうしても生産コストが高くなってしまうのである」（同前、六五頁）ということである。

こうして安い輸入食品が、ゼロ関税で入ってくる。

「TPPで関税ゼロとなると、コメをはじめとして多くの農産物の生産が輸入農産物に置き換わって国内生産が減少します。需要が変わらなければ、この生産減少分は、輸入に置き換わります。……生産減少で置き換わる農産物の輸入量は推計で一六二八万二〇〇〇トンになります。二〇〇九年を例にとると、食品の輸入量は三〇六〇万五〇〇〇トンでしたから、これに減産分を輸入で補うとすれば、一六二八万二〇〇〇トンがプラスされ、食品の輸入量は四六八八万七〇〇〇トン、現在の輸入量の一・五三倍に急増することになります」（前掲『これでわかるTPP問題一問一答』、一一〇～一一一頁）。

この場合の生産減少量（農林水産省の試算）は「コメが九〇％、小麦九九％、…甘味資源作物一〇〇％、でんぷん原料作物一〇〇％」（同前、一一一頁）などとなる。

「この急増する輸入食品に検査体制は、どう対応できるのでしょうか？……食品衛生監視員による検査は、行政検査と言われていますが、この検査は〇九年はわずか三・一％でした。また、この行政検査は、モニタリング検査で、検査結果が出るまで輸入を認めない検疫検査でなく、検査結果が出たときは、私たちの食卓に輸入食品が届いてしまう検査なのです。

〇九年は、民間の検査機関（登録検査機関）による検査が一〇・一％を占めていたため、全体の検査率は、一一・七％になりました」（同前）。つまり、現在でも一〇％ほどしか検査できていないのに、輸入食品が増えれば、ますます食の安全がおびやかされることになるわけである。

【事例五】一方、外国農産物との競争で、コメの国内生産（二〇一三年現在は七七八％の関税をかけ、輸入を防止している）をはじめ国内農産物の生産が、飛躍的に落ち込んだ場合、どのようなことが、日本で起こってくるかを、見ることにしよう。「日本のコメの九〇％が輸入米に置き換わるという農林水産省の試算」（同前、八六頁）が現実になった場合（コメの九〇％が輸入米になるという試算は「包括的経済連携に関する基本方針」二〇一〇年一一月九日閣議決定の策定時資料等）、どのようなことがおこるだろうか。

「日本のコメの作付面積は、林野面積を除いた日本の国土面積の一一・五％を占めています。その作付け面積の九〇％がコメ作りから撤退すれば、日本の国土面積（林野面積を除く）の約一割に及ぶ一四六万一六〇〇ヘクタールもの膨大な耕作放棄地が生まれることになります。それは、東京都、大阪府、神奈川県、埼玉県、千葉県の総面積一五二万六六〇〇ヘクタールにほぼ匹敵します。

現在、実際に農作物を販売している『販売農家』は一五五万五〇〇〇戸ありますが、稲作の単一経営をしている農家は、八一万七〇〇〇戸の五二％で、コメの販売額が収入の第一位になっている農家は、九三万二〇〇〇戸の六〇％に上ります。

稲作には肥料会社、農薬会社、農業機械メーカー、運送業者、米集荷業者、農協、倉庫業者などさまざまな業者が関わっており、九〇％の稲作がなくなることによって、こうした関連業界の経営が成り立たなくなるのは必至です。この関連業界の衰退が地域経済に深刻な影響を与えることになります。

コメの作付け面積が一〇%にまで減少すれば、稲作農家の九〇%以上が離農に追い込まれ、農家の半数が離農という事態になります。それは、とりも直さず、日本の農村の崩壊を意味します。また、水田が消滅するということは、水田環境に依拠しているトンボや水生昆虫、カエルやドジョウなどの水系で生息する小動物の消滅を招きます。

さらに、水田が保有する八一億トンに及ぶ保水力が消滅し、国土保全にも深刻な影響を与えます。……日本学術会議は、農業の洪水防止機能が三兆四九八八億円、水源滋養機能が一兆五一七〇億円、土壌浸食防止機能が三三一八億円、土砂崩壊防止機能が四七八二億円の貨幣評価額を持っているとしています。TPPによって、水田の九割が消滅すれば、これらの水田の持つ機能が消滅し、洪水、土壌浸食、土砂崩壊、水源の枯渇というハザードが引き起こされることになります」(同前、八六〜八七頁)。

実際どうなるかは、わからないが、グローバリズムでこれだけの環境破壊―命と暮らしの破壊―地域経済の破壊が引き起こされる試算があるのだということを確認すべきなのである。まさにこうして農民層の生産手段の破壊、農民層のプロレタリア化という資本の本源的蓄積(本書第六章の「レーニンのロシア農村共同体解消論――その『商品経済史観』的限界」の節の後半以下参照)の過程が、現代日本において現象していくことになるのである。

●――グローバリズム批判としての地域主義

以上のような、グローバリズムによる地域経済の破壊に対し、地域経済を軸にグローバルな新自由主義と対抗することが表明されてきた。

「エコ・社会主義者は、市場経済に批判的である。『排除と非効率』の原理によって市場は成立しており、常に不要な廃棄物を生み出すからである。しかし、多くの緑の運動家にとっても、市場経済まで否定することは極論に思える。そこでアメリカのハーバード大学元客員教授デヴィット・コーテンは代替策を提案している。彼は『緑の政治は反資本主義であるべきだが、市場経済を受け入れるべきだ』と主張する。『市場経済を地域化すれば、エコロジカルな価値、社会的公正、民主主義を促進できる』と考えるからだ。……企業活動はますます多国籍化している。グローバル化によって企業は活動範囲を広げているので環境規制を実施しても基準が緩い国に工場を移転させて規制をくぐり抜ける。その上、労賃が安い国に移転することで世界的に賃金を押し下げる。税負担は企業でなく消費者へと転嫁させ、医療などの公的サービスに対しては政府の支出を抑えさせる。コーテンや緑の運動家たちにとって、多国籍企業は大きな脅威である。世界的に活動を展開し、地球上のあらゆる場所に商品を輸送して温暖化ガスを増加させ、気候変動を加速させているからだ。『多国籍企業は、新自由主義に基づくＩＭＦ（国際通貨基金）やＷＴＯ（世界貿易機構）と連携して資本を自由に移動できるようにし、ますます政治的な影響力を発揮している』とコーテンは批判する。グローバリゼーションは……貧困層に犠牲を強いて、環境を破壊する政策を各国政府が実施することを後押しする。もしもある国の政府が、労働組合に強い権利を与えたり、法人税を引き上げたりすると、多国籍企業は他国に移転してしまう。多国籍企業は、投資を引き上げると脅すことで、各国政府に影響力を行使するのだ」（デレク・ウォール、白井和宏訳『緑の政治ガイドブック』、二〇一二年、一二三〜一二五頁）。

「そこでコーテンや緑の地域主義者は、『巨大企業を分割して、経済活動を地域に密着させれば、市場はもっと健全に機能するはずだ』と考える。コーテンの思想は、ハンガリーの思想家カール・ポランニー（一八八六〜一九六四）と近いものがある。ポランニーも『市場の欠点を最小限に抑えるためには、強力な地域コミュニティの中に市場を埋め込むべきだ』と主張した（『大転換』、一九四四）。

もしも自分が使う商品がどのように生産されたか知ることができれば、企業による環境破壊や労働者の酷使は、今よりずっと減るだろう。こうした『ローカリゼーション（地域化）』の思想は、経済のグローバル化に反対する緑の党の視点と一致する」（前掲『緑の政治ガイドブック』、一二五頁）と論じている。

●――「脱成長」と「価値法則の廃絶」の相補性

この資本主義市場経済と脱成長の関係をセルジュ・ラトゥーシュ（経済哲学者）は次のように論じている。

「生産手段の私的所有や資本主義を真っ向から消滅させなくても、資本主義の精神、わけても（利潤増大への執着として現れる）経済成長への執着の破棄に成功すれば、脱成長社会は徐々に資本主義的なものではなくなるだろう。……具体的には、（利潤、すなわち『常により多くの利潤』の追求を行う）経済主体の節度のない貪欲に規制と節度をかけるルールを制定することが重要である。求められるルールとは、例えば生態系や社会を保護する政策、労働法、企業規模の制約などである。経済想念からの脱出は、畢竟、非常に具体的な断絶を意味する。その最初の一歩は、労働・土地・貨幣の三つの擬制的商品の『脱商品化』である。カール・ポランニーが、社会生活の支柱となるこれら三つの強制的な商品化の中に、自己調整的市場の確立の契機を観たのは良く知られている。これら三つの擬似的商品をグローバル化した市場経済から離脱させることは、社会関係の中に経済を再び包含させる・埋め込むための出発点となる。したがって、資本主義の精神に対する闘争を展開すると同時に、［市場以外の論理を内蔵する］混合経済を促進すべきだ。混合経済とは、贈与の精神と社会正義の探求によって市場の貪欲を中和する機能をもつ企業のことである」（セルジュ・ラトゥーシュ、中野佳裕訳『〈脱成長〉は世界を変えられるか?』、作品社、二〇一三年、原著：二〇一〇年、六九頁）。

この論点は、実に重要だ。これらポランニーの『大転換』からの〈援用〉によって、〈脱成長〉ということとの経済学的課題につき、解かれるものがあるということを、本論としては、立場性とするものである。その立場性において、この論理図式とマルクス経済学の「価値法則の廃絶」という課題を、重ね合わせることは有意義だと考えるものである。

まさにここでは、労働力の商品化の廃絶、土地の商品化の廃絶、貨幣（流通手段）の商品化の廃絶が、資本主義的なパラダイムからの脱出だとされているのだ。

それは次のことを意味している。まさにこれらの商品化が、資本の本源的蓄積（生産者と生産手段の所有の分離）をつうじた労働力の商品化を基礎として、生産過程が商品の流通過程に包摂される形での「商品による商品の生産」をもって、経済外的強制から自立した経済的諸関係をつくりだすことからまさに、資本主義の特殊性としてつくりだされたということだ。その場合、商品交換はあらゆる商品の価値を表現する商品としての一般的価値形態として、この一般的等価形態にもっとも適する使用価値を持った生産物（商品）として貨幣が成立するのである。この場合、商品所有者間の商品交換を規制するものが価値法則（この理解は単純投下労働価値説にもとづくものではないもの）であり、それは、全社会の生産物需要に応じた総労働力と生産手段の比例的配分（経済原則）が商品形態によって、価格の運動によっておこなわれることに対し、それを、商品の生産に〈社会的に必要な労働時間〉（この労働時間の社会的必要という量は商品交換の事後にその結果として、社会的・平均的な労働時間を規定されるものとして考えられるのであり、単なる等労働量交換と考えられているものではない）によって規制するところに形成される。これが資本主義社会の経済法則である価値法則の基礎を規定した考え方である。

例えば次のようなことだ。「社会的需要に対する供給は、個々の資本家によって常に従来の価格を基準にして行われ、需要供給の関係によってあらわれる価格の変動を通じて、事後的に社会的規制をうけることになる。それはまた一方ではそれぞれの商品の生産に要する労働時間を一定の社会的基準に一様化すると同時に、他方では全社会の労働力をそれぞれの商品の社会的需要に応じて配分することになるのであるが、個々の資本にとっては、いわば外部から強制せられる法則として作用するのである。もちろんそれは自然法則と異なって、個々の資本の下に労働する人間の行為自身によって形成せられる法則である」（宇野弘蔵『経済原論』、初版一九六四年、岩波全書、六一〜六二頁）という位置づけを与えられているものにほかならない。

その場合、価値交換の基礎をなすものとしての、商品化される労働力の特殊性は、「労働力は、もともと生産物ではなく、何ら特定の使用価値を有するものではないが、資本のもとに商品化されるのは、何でもつくれるという、それこそ実質的に一般的なる使用価値を有することによるのであり、それによって新たなる使用価値を生産すると共に新たなる価値（交換価値のこと——引用者）をも形成することになるからである。資本はこれによって価値の運動体として、しかも社会的に需要されるあらゆる生産物を生産し、再生産するだけでなく、その再生産を益々拡大することにもなるのである」（宇野弘蔵『経済学方法論』、東京大学出版会、一九六二年、一五六頁）というところが重要だ。

まさに、本来生産物ではないところの労働力の商品化が、資本の価値増殖運動（＝資本主義経済）を際限なく展開する根幹をなすのであり、労働力商品化の廃止と、それを契機とした生産物（商品）交換の基準としての価値法則の廃絶は、「贈与の精神と社会正義の探求」というまさに、相互扶助の社会をつくりだす前提をなすのである。そして同時に、まさに労働力の商品化の廃止（労働力の脱商品化＝生産者と生産手段の所有の分離の廃止・再結合としての生産者の生産手段の共同占有をつうじた共同経営としての労働者の生産自治を基本とする）を機制としつつ、それをつうじて「脱成長」という社会内容を実現してゆくということだ。

●──「価値法則」の廃絶──その意義について

この場合、マルクス経済学上の概念問題が、存在することは、おさえておく必要がある。概念の理解の違いによって、全く同じ用語で、全く違う理解がなされてしまうという問題があるからだ。例えばスターリンは「価値法則は商品生産の法則」であり、「資本主義の基本的経済法則は……最大限の利潤を要求している」として「最大限利潤の法則」を規定している（『ソ同盟における社会主義の経済的諸問題』、飯田貫一訳、国民文庫）。そして、価値法則は超歴史的なものだから、社会主義にも利用できるとした。だが、これは決定的にまちがいである。これまで見てきたとおり、価値法則は、歴史貫通的な単なる商品経済に関わって規定された「単純商品」交換としての単なる等価交換のことではない（くわしくは本書第五章参照）。

またその場合、「単純投下労働価値説」＝単純商品交換説が如何に間違いかは、次のように指摘できるものだ。宇野弘蔵の『経済学方法論』では、「いわゆる単純商品経済社会の想定は……いわば機械的に商品経済を非商品経済から分離し、抽象したものにすぎない。したがってまたかかる単純商品経済社会によって商品経済の経済法則を論証しようとする、従来の労働価値説は、むしろ労働価値説自身を論証不十分なるものにせずにはおかないのである」(宇野弘蔵『経済学方法論』、東京大学出版会、初版一九六二年、一二頁)として、「単純商品」交換＝価値法則説を批判している。

同時に、資本主義の法則に限らない「商品交換の法則」説ということから、スターリンのこの法則の「利用論」が説かれた。このことに対する批判としては、以下のことが指摘できる。

「かつてスターリンは『ソ同盟における社会主義の経済的諸問題』(……一九五二年)において経済学で明らかにされる経済法則を、社会主義の建設のために、自然科学で得られる自然法則と同様に利用することができると主張していた。宇野弘蔵はこれに直ちに反論し、スターリンはあらゆる社会生活に共通の経済原則と商品経済に特有な経済法則とを混同しており、社会主義はむしろ商品経済とともに、無政府的な経済法則の支配を廃棄して、経済原則を意識的、計画的に充足する方向を目指すべきであると論じていた(「経済法則と社会主義」『思想』一九五三年一〇月)。いまや、社会主義的計画経済は、商品経済の諸形態をあまりすみやかには廃棄しえず、現実にはむしろかなりの期間にわたってこれをその一環に組み入れていかなければならないことが、ほぼ明らかになってきている。分権的自主管理経済システムでは、なおさらそうである。

しかしそれは価値法則のような商品経済の法則を自然法則のように利用してゆくことを意味すべきではなく、宇野が指摘していたように、基本的にはむしろその作用を廃棄し、意識的な計画におきかえてゆく過程の一環をなすものでなければならない。具体的には、民主的な意思決定の過程を保証する工夫が重要となるが、分権的計画経済をめざすにせよ、基礎的な資材や資源の生産や配分の計画、公共的施設やサービスの拡大、あるいは賃金や諸物価の意識的調整や改定、供給される財やサービスの種類や質への注文システムの拡充、消費者側からの生産・供給戦略への参画、それらに必要な情報の公開などをつうじ、市場機構の作用を制限し管理する方策があわせて重要となるであろう」（伊藤誠『現代の社会主義』、講談社学術文庫、一九九二年、一一六～一一七頁）ということである。こうした、価値法則の概念を如何に規定するかという問題は、本論の前提事項として存在しているのだ。そして、かかる価値法則の概念をあきらかにすることをつうじ、また、価値法則の廃絶の意義もあきらかになってくると考えるものである。

●社会的労働実態に対する「市場」の外在性

さらに注意すべきなのは、この場合〈市場〉は、労働力の商品化か脱商品化かには関係なく、そうした生産様態の外部に流通手段として機能しているということである。単純に「市場経済の廃止か存続か」という論議ではない点に注意をしてほしい。〈脱成長〉の具体的なルールはそういう経済システムの改革と相補的に展開するということである。

この場合、マルクス経済学との関係での〈市場〉の措定について、確認しておきたい。宇野派の経済学者・伊藤誠は次のように述べている。

「（マルクスは）もともと『商品交換は共同体の果てるところで、共同体が他の共同体またはその成員と接触する点で始まる』（『資本論』、国民文庫版（一）、一六一ページ）とみていた。宇野弘蔵はこうした観点を重視し、商品経済の諸形態はさまざまな生産関係を有する諸社会の間に展開され、社会的生産にとって外来性を有することを強調しつつ、商品経済を構成する価値形態の展開を、さしあたり労働実態にふれることなく、純粋の流通形態論として構成する方法をとった。こうした価値論の新たな展開構成からみるならば、生産手段が公有化されている地域社会のあいだや生産協同体的企業のあいだや、さらには消費手段の分配に、価格形態がかなりの範囲にわたり利用される可能性も理論的に整合的な事象として理解できることになる」（伊藤誠『現代の社会主義』、講談社学術文庫、一九九二年、八六頁）。

まさに〈労働実態〉に対し外在的な〈市場〉の目的意識的な組織化ということの一つに、〈強力な地域コミュニティのなかに市場を埋め込む〉ということもふくまれる。そういう論理が示されていると言えるだろう。

かかる脱成長のパラダイムの定立を通じて、市場を強力な地域コミュニティの中に埋め込んでゆき、資本主義的暴走としての大量消費・大量生産・大量廃棄を防止し、社会の経済活動をコントロールするものとなると措定できるものとなる、ということを、これらの論理は意味しているのだ。

●──ラトゥーシュの労働と貨幣の「脱商品化」構想

とくに労働力の脱商品化では次のことが提起されている。「労働時間の抜本的な削減は、経済成長パラダイムに依拠する労働社会から抜け出すための必要条件である。しかしそれはまた、（フランスの場合）自然資源搾取を現行水準の三分の二ほど削減する展望を掲げると同時に万人に満足の行く雇用を保証するための、社会構造転換の補完的要素でもある」（前掲『〈脱成長〉は世界を変えられるか？』、一二一頁）。

この労働の脱商品化（労働時間削減─資源保護─労働の共有化）は、「脱成長」の一つの基軸をなすものである。

本論の主張としては以下である。労働の脱商品化は、職場生産点を基礎に、全国的な生産管理コミューンを生産者が生産自治の機関として作り、それによって、賃金などを決定してゆくルールをつくる必要がある。その場合、「労働時間の削減」には、生産レベルを一定の年度水準、例えば──これはあくまで例えばの数値でしかないが──、一九九〇年とか、一九八五年とかに設定する必要があり、また、社会的価値観として〈脱成長〉の価値観が社会的に共有されている必要がある。また「何を如何に、どれだけ生産するのか」ということの社会的合意づくりが必要となってくる。それは官僚主義を結果する以外ではない二〇世紀のソ連邦のような「中央計画経済」ではなく、あくまでも市場調整・市場コントロールとしておこなわれる。ここから労働力と生産手段の新たな配分・調整が形成されていかねばならない。まさに全国的な市場（労働市場を含む）を管理・統制する「生産管理コミューン」が必要となってくるだろう（詳しくは拙著『国家とマルチチュード』社会評論社、第二部第二章参照）。ワークシェアリングを前提とするシステムでは、職場生産点における労働者の団結と生産自治が必要だ。それにより、労働＝分業が共有化される。こうした新たな相互扶助の系統的な政策をつうじて自分たちの給料だけでなく、地域社会で必要な公共的サービスに拠出する資金も生産することになる。まさに無際限な資本の価値増殖（経済成長主義）を脱し、新たな相互扶助の社会ルールを形成してゆくことが可能となると、考える。

●——貨幣の「脱商品化」の回路

「貨幣の脱商品化」では、ラトゥーシュは「貨幣の再領有化（ここでは位置づけの変更のこと——引用者）」を提起する。「貨幣を地域社会の手中に徐々に奪還していき、銀行に独占されないようにしなければならない。貨幣は地域社会に役立てられるものであり、地域社会が貨幣に隷属化することがあってはならない。住民の購買力を維持するために、貨幣のフロー（流れ——引用者）は可能な限り地域に留まるべきである。また、経済領域に関する意思決定もまた、可能な限り地域レベルで行われるべきである」（前掲『〈脱成長〉は世界を変えられるか？』、一二一頁）。

そこで、「地域通貨」などの「オルタナティブな通貨」が措定されるが、それは「グローバル化した生産力至上主義に対抗して生活圏の再ローカリゼーション――生活圏の再領有化――と世界の再生を実行するための強力な手段ともなる」。例えば、自治体労働による地域通貨での賃金支払いは、地域のサービスを購入する購買力を創出するなどである。「ローカルな経済成長は、際限なき資本蓄積を目的とせずに経済成長優先社会の軌道からすでに脱出した社会の中で、地域社会の基本的ニーズの充足を目指すので、民衆にとって有益である」（同前、一一三頁）ということである。

まさに、多国籍的な市場ではなく市場（いちば）がその中では現れる。

「アフリカでは、人と人が出会う場所としての市場（いちば）の事例が今日でも多く確認される。市場（いちば）は人間を排除する空間としてではなく、むしろ社会的交換のための空間として常に機能していた。西洋資本主義の浸透にもかかわらず、市場（いちば）は変わらず社会的交換の場でありつづけている。……（同じように「経済成長パラダイムと断絶した社会」は――引用者）生産物や（労働を含めた）サービスの交換はもはや物と物との交換、すなわち貨幣的計算の対象物の交換ではなくなり、（良くも悪しくも）人間同士の間でなされる交換を要求するであろう」（同前、九二頁）ということだ。

●――世界資本主義の対抗軸としての共同体――緑の地域主義

かかる観点は、〈土地の再領有化〉（土地の脱商品化・再措定）ということを同時に意味する。それは例えば『緑の政治ガイドブック』に紹介されている以下のような実践に、その端緒を見出していると言えるだろう。ここでも労働の共有化が行なわれている。

「西欧の人々にとって『コモンズ（共有地）』と言う言葉は、古風な響きがある。中世の村人は個人的に牧場を所有せず、代わりに誰にも属さない共有の牧草地で家畜を育てる権利を持っていたからだ。しかし現代でも多くの人々にとって『コモンズ』は日常的な現実である。世界の漁場の九〇％は沿岸の小さな共有の漁場で行われており、世界が食べる魚の半分の量を生産している。フィリピン、インドネシアのジャワ島、ラオスでは、村人自身が灌漑施設を整備・運営し、地域が定めた規則に従って水利権を配分している。……南カリフォルニアでは、地域の帯水層から汲み上げる水を管理するため、家庭から農家まで流域の水使用者が自主的な組織を作っている。

フランスやスイスにも、自分たちのコミュニティを共有の財産と考える人々がいる。有毒物質の廃棄物処理場や、原子力発電所の建設予定地の近くに住む人々が、『コミュニティの土壌と空気が有害な放射性物質に汚染されない権利』を自分たちは持っていると主張している。自分たちの故郷をゴミ捨て場に最適と決めた『客観的な経済合理性』や『公共の利益』といった考えを、かれらは批判しているのだ。アマゾン先住民の老人が語った格言は、宗教的な語り口であるが、彼らにも共感できる。

『我々クレナック族が、存在を維持し、神と自然に話しかけ、生活を営めるのは、神が我々を創造したこの場所だけである。だがもはや我々が生きてきた地球を見ることはできない。ここはまるで人々が動き回るチェスボードのようだ』（ニコラス・ヒルドヤード、ラリー・ローマン、サラ・セクストン、サイモン・フェアリー『コモンズを取り戻す』一九九五年イギリス政治学会における年次報告、前掲『緑の政治ガイドブック』、一三六〜一三八頁）。

以上のような〈コモンズ〉についてラトゥーシュは述べている。

「現在はどういう時代かといえば、それは脱成長的で連帯的な様々なイニシアチブが成熟する機会であると言えるだろう。例えば、AMAP、SEL（地域通貨システム）、コミュニティ・ガーデン、市民による［社会的弱者の］住居の自主的な補修・改善があり、またPADES（自主生産と社会発展のプログラム）によると、貧困層を支援する協同の自主生産活動（庭、料理など）がある。アイルランド（コークの近くのキンセイル）で誕生し、その後英国で成熟したトランジション・タウン運動は、脱成長パラダイムにもとづく都市社会に最も近いモデルを草の根から構築する運動である。……トランジション・タウンは第一に、化石燃料の終焉を見据えてエネルギー自給の達成を、そしてより一般的にはレジリエンス（耐久力、回復力――引用者）の達成を目指している。……農村部では、アレクサンダー・チャヤノフが分析した、自給自足の家族経営農家による小規模の耕作の事例がある。都市部の事例としては、職工人のアトリエがある。この理由から、ニコラス・ジョージェスク＝レーゲンは、小さな農村共同体を人類の未来のために奨励している。わたしが提案する脱成長の政治的意図は、農村部の『脱成長』だけでなく都市の『脱成長』も重視する」（前掲『〈脱成長〉は世界を変えられるか?』、一二一〜一二二頁）。

●――ラトゥーシュの一〇の提案

ラトゥーシュは、それらの理論と実践の見地をふまえて、一〇の提案を行っている。「わたしが二〇〇七年にフランスに対して提案した下記の一〇の政策案は、こうした意図から作成された。

(1) 持続可能なエコロジカル・フットプリント（環境負荷の基準となるもの――引用者）を回復させる。
(2) 適切な環境税による環境コストの内部化を通して、交通量を削減する。
(3) ［経済・政治・社会的］諸活動の再ローカリゼーションを行う。
(4) 農民主体の農業（伝統農業）を再生する。
(5) 生産性の増加分を労働時間削減と雇用創出へ割り当てる。
(6) 対人関係サービスにもとづく「生産」を促進する。
(7) エネルギー消費を［現行水準の］四分の一まで削減する。
(8) 宣伝広告を行う空間を大幅に削減する。
(9) 科学技術研究の方向性を転換する。
(10) 貨幣を再領有化する（地域社会や地域住民の手に奪還する）。

議会制民主主義政治を想定したこの政策案は、ヨーロッパの枠組みでは、脱成長社会という具体的なユートピアの実現へ向けた革命的道のりへの第一段階であるようにわたしには思われる」（同前、七〇～七一頁）ということである。

⑴、⑼などにおいては、核開発などはすべて廃止する以外ではない。市場経済を地域コミュニティに埋め込んだ時に、核開発・原発も廃絶・廃炉の道に普遍的に入ってゆくことができる。地域経済では、そのようなものを受け入れる余地も、作る余地もない。放射性廃棄物を管理することひとつとっても、即、住民の被ばくや実質的な実害を伴った不安につながるからだ。また、自然エネルギー、再生可能エネルギーを用いた地域分散型の電源設計が重視されるシステムとして、地域コミュニティ社会は措定される。

例えば日本では三・一一福島原発事故後の三年間で全国で四五五の県や市町村議会が原発に依らず電力供給する「脱原発」を求める意見書を可決している。これは都道府県を含めた全自治体の三割近くに達するものである。大半の意見書は自然エネルギーへと舵を切る要請をしている。このことにも、明らかなことだ（朝日新聞、二〇一四年一月一九日朝刊、参照）。

以上が、グローバリズムとこれに対する〈緑〉の地域主義の問題の枠組みとなるものである。

まさに、こうして、「労働の脱商品化」を〈生産者の生産自治〉を基本に、「貨幣の脱商品化」を〈貨幣の地域経済化〉を基本に、「土地の脱商品化」を〈土地の使用目的規制〉を基本に、行うことを通じ労働・貨幣・土地の商品化の機制を止揚してゆく回路が形成される。そして、資本主義の価値法則にもとづく資本の価値増殖による人間生活の疎外、地球環境破壊からの最後的解放をかちとることが可能となる。贈与・社会的正義・相互扶助の社会が可能になってゆく。そのことを通じて、人々を際限のない資本の価値増殖に組織していた価値法則は完全に廃絶されるだろう。

●──マルクスの再領有化──エンゲルス近代派革命論との差異

以上みてきた〈脱成長〉の思想は、これまでのような社会主義やマルクス主義とどういう関係にあるのか、そのことを、見ていこう。

「マルクスの再領有化」というのはラトゥーシュが言っていることではないけれども、そう小見出しをつけたのは、これから見るように、近代派マルクス主義に対する、マルクスが研究していた社会主義革命の別のコースの再提出という問題として言う事である。

ラトゥーシュは述べている。

「経済成長に連帯というラベルを付けながら、左派は経済成長の実現、つまり資本主義的蓄積に加担する道を選んだ。この安直な解決法は、ほとんど変わらない大きさのケーキを分配するために激しく闘うことなく、一部の人々の生活を安上がりに改善することを可能にさせる。拡大成長型経済と消費社会がなくては社会民主主義は存在しないだろう。これまで社会主義運動は、プロレタリアートを悲惨な状況から解放するために革命を行い、富の分配を新たな方法で実施することを目指してきた。経済成長は資本主義の支持を人々に肯定させる根拠である。経済成長の存在ゆえに西洋諸国は分配と正義の根底にある問題に向き合うことなく、これまで革命なしで済ませてきた。かくして本来の共産主義の掲げる富の平等分配の企図さえも消費主義の中で瓦解したのだ」。これをラトゥーシュは別に「儲け主義に還元された社会主義」とよんで批判している〈前掲『〈脱成長〉は世界を変えられるか?』、二〇四頁)。

では、もう少し、マルクス主義の左派の世界では、どうか。ラトゥーシュは次のように述べている。そして、これが、本書の最終章「ロシア農耕共同体と世界資本主義」に直接的につながる問題なのだ。

「確かにマルクスは、一八八一年にヴェラ・ザスーリッチに宛てた有名な手紙(本書第六章参照――引用者)の中で、帝政ロシアの伝統農村共同体(集団農村経営村)(ミール、オプシチーナ農耕共同体のこと――引用者)が資本主義的発展段階を経由せずに社会主義体制に直接移行することを描いた。社会主義革命のこの別のシナリオの可能性は……新たに、メキシコのサパティスタと先住民民族共同体に関して同様のシナリオが構想されている(それはラトゥーシュの本の「序章」に論じられているが本論では省略する――引用者)。しかし周知の通り、マルクスの没後から一〇年が経過した頃、エンゲルスがこうしたもう一つの社会主義革命の道に対して非常に懐疑的になった。マルクス思想のこれらの『残滓』は、マルクス没後一〇年たってレーニンによって理論と実践の双方で攻撃され(まさに、この問題を第六章で扱う――引用者)、その後スターリンによって徹底的に除去された。第三世界の様々な『実在するマルクス主義』は、前資本主義的な共同体に対して全く寛容ではなかった。『社会主義的』近代化は、資本主義的近代化以上の暴力と執拗さを用いて過去を白紙にし、社会主義の実験の失敗に続いて起こった超自由主義的なグローバリゼーションの侵入を容易にしたのである。事実、(『ロマン主義的』あるいは『ユートピア的』という形容詞で根拠なく蔑まれた)初期社会主義の道と声の類稀な多様性は、史的・弁証法的・科学的唯物論の単一的思想の中で矮小化された」（同前、一五一〜一五二頁）と。

こうした近代派マルクス主義の革命論として、エンゲルスの『空想から科学への社会主義の発展』（マルクス・エンゲルス全集第一九巻）がある。

「社会以外のなにものの指揮の手にもおえないほどに成長した生産力を、社会が公然とあからさまに掌握するほかには道がない」（原書二一一頁）。資本主義では、大工場などの発達によって「生産物はいまでは社会的に生産されるようになったのに、それを取得するのは、生産手段を実際に動かし、生産物を実際につくりだした人々ではなく、資本家であった」（原著二一三頁）。だが恐慌（〈過剰生産恐慌〉として説明されているもの——この点は本書第四章参照——引用者）に見られるように「資本主義的生産様式は、それにはこれ以上これらの生産力を管理してゆく能力がないということの、動きのとれない証拠をつきつける」（原著二二〇頁）。これに対し「プロレタリア革命」によって「プロレタリアートは公権力を掌握し、ブルジョアジーの手からすべりおちてゆく社会的生産手段を公共財産に転化する。……あらかじめきめられた計画にもとづく社会的生産が、このときから可能になる。生産の発展によって、いろいろな社会階級がこれ以上存続することは時代錯誤になる」（原著二二八頁）。

つまりこのエンゲルスの近代派革命論には、資本主義的生産が生み出した生産力の地平において、この生産を国有化することで、生産力主義的に組織された富を人々が平等に分配する、〈「生産の発展」が階級をなくす〉という生産力主義と国権主義の近代派マルクス主義革命論の祖形がはっきりと表現されているのである。

ラトゥーシュの論述のとおり、まさにエンゲルスに淵源する近代派マルクス主義が、経済成長主義であったことが暴露されており、それは近代派マルクス主義の唯物論の内容、資本主義批判の方法論的な内容を問題にしなければならないことが、示唆されているといえるだろう。その近代派マルクス主義は、マルクスの共同体的ラジカリズムとは大きく相違している。その詳細は、第六章で展開することにしよう。

【注解】降旗さんの近代批判から学ぶ

【解説】本稿は二〇〇九年、経済学者の降旗節雄さんが他界されたおり、社会評論社から刊行された追想集、『追想　降旗節雄』（二〇〇九年五月三〇日）に、私も依頼を受けて、書かせていただいたものだ。その文集の五三頁に掲載されている。近代の価値観を問題とした降旗さんにこれからも学んでゆくという私の意思表示の文章でもある。この度の近代生産力主義を問うた本書の一文に付す。

＊

私は降旗節雄先生と大学の師弟関係であったわけではない。一九七九年秋の創刊号よりはじまった「季刊クライシス」（編集代表は、いいだももさん。社会評論社刊）という雑誌の編集委員会で、降旗先生もわたしも、編集委員（私は一九八四年から）だった関係である。私は今、降旗さんが毎月一回行われていた編集委員会で、歯切れのよい口調で、何やら得意げに、果敢にディスカッションしておられた様子を思い出している。

「季刊クライシス」が一九九〇年でおわってからは、あまりお会いする機会はなくなった。が、出版社で働いていた私はインタビューなどをさせていただいたり、講演の記録の件などで電話で話したりと、たまに仕事上のお話をすることはあった。

降旗さんからわたしが特に学んだことは、近代のいわゆる「常識」に対する違和と批判を先生が表明されていたことからである。

例えば先生は、「季刊クライシス」（三八号、一九八九年夏号）に、「フランス革命の理想化を排す」と題する短文を書いておられる。

この号は、私の記憶に間違いがなければ「『フランス大革命』『クナシリ・メナシ蜂起』二〇〇年」を特集テーマに、近代をフランス革命とアイヌ民族蜂起の両側から相対化し、その近代世界の構造を読み解くことが目指されていたと記憶する。

先生の文章は「わが国でのフランス革命観はいくつかの危険な側面をふくんでいる」からはじまっている。「フランス革命を美化し、明治維新を貶すのが当今の流行のようにみうけられる」ことへの批判であった。

それは同時に「コミンテルンの日本に関するテーゼ（三二テーゼ草案は除く）」などに規定されてきた「明治維新」を「絶対王政」のアンシャン・レジームと「同一視」する立場への違和にほかな

らなかった。降旗さんはフランスのアンシャン・レジームは明治国家とではなく、「幕藩体制と共通性をもつ」（「各州は固有の国」「農民の国税は純収入の五〇％」など農民への経済外的強制にもとづく支配など）ものとされ、これに対して明治維新のブルジョア革命としての性格を指摘された。「言いたいのはこういうことである。フランス革命を自由・平等・友愛の近代社会の出発点として賛美するならば、同じように明治維新も評価すべきだろう。……そして維新後の日本資本主義の発展は、日清・日露の戦争に媒介された血みどろの略奪過程のうちに実現されたとして、批判するならば、ナポレオンに率いられたフランス軍の侵略とフランス資本主義の発展との関係もそれと隔たるところ大差なきものとして批判の対象とすべきであろう」。

ブルジョア近代の「自由・平等・友愛」は共同幻想だということであろう。「どこの国の近代化も……必ず農民の収奪と侵略の過程をともなったのである。マルクスのいうように『資本は、頭から爪先まで、毛穴という毛穴から血と汚物をしたたらせながら生まれてくる』のだから、近代社会の誕生たるブルジョア革命が同じように『血と汚物』にまみれていたとしても不思議はないであろう」と締めくくられている。

近代日本にとって「（半）封建的支配」の廃棄は重要な課題だった。しかし支配の根底には資本の労働に対する専制が存在する。フランス革命による近代化も同じだ、だからフランス革命を理想化するな、という批判である。降旗先生は近代の根底によこたわる資本の支配の廃絶を希求されていたのだと、わたしは思う。その先生の問題意識から、これからもわたしなりに学んでゆきたいと思っている。

第四章●——〇八年恐慌と共同体主義の復権

資本主義景気循環と労働者の生産自治

●——新自由主義緊縮財政とサブプライム恐慌

〇八年サブプライム恐慌以降の日本では、今日の「アベノミクス」といわれる景気刺激策、その一環としての「解雇特区」構想（解雇パターンをあらかじめ決める「雇用ガイドライン」を策定し、雇用者の都合のいいように労働者を解雇できるようにする）をはじめとした「国家戦略特区」の新設など、新自由主義的緊縮財政政策を展開している。

だが新自由主義・市場原理主義の破産はすでに明らかとなっている。

「サブプライム恐慌は、ヨーロッパ金融諸機関にも深刻な打撃を与えていた。それはアメリカのサブプライム関連証券（後述する——引用者）を大量に購入したためであるが、そればかりではない。……アメリカと同様の不動産バブルが進行し、その同時的崩壊が、内部からもアメリカ発のサブプライム恐慌に連動する金融危機を生じていたのであった」。そうした経済危機の体制的危機としての進行は……「それは、新自由主義が奨励する市場原理が決して合理的で効率的な経済秩序を保証するものではなく、社会的規制から解き放たれた資本主義市場経済が、むしろ不安定な自己破産作用を生じ、それにともなう膨大な社会的費用と損失をもたらすものであることを広く実感させるところとなった」。

だが、そこからまた、日本に見られるように、「主要先進諸国で新自由主義的緊縮政策への再反転が生じている背景には、一九八〇年代以降の新自由主義的グローバリゼーションを推進してきた金融化資本主義の多国籍企業による蓄積体制が、この経済危機のなかでも大枠として破壊されずに存続し、国民国家による福祉、自然環境、雇用などの諸政策の現代的拡充にきびしい制限を与えている構図が読み取れる……労働者階級や社会的弱者に経済危機の負担を加え続ける階級的政策効果を、容易に反転・脱却しえない構図ともなっている」（伊藤誠「サブプライムから国家債務危機へ」、『現代思想』二〇一二年二月号、青土社）。こうしたことが、〇八年から現在までの経緯としておこってきたことの大まかな見取り図といっていい事態だろう。

労働者人民は、こうした好況―恐慌―不況―好況という景気循環のなかで、現在の政策としては新自由主義的経済政策に抑圧され続けている。まさにそこから、どうしたら脱却できるか。その場合、「好況を願う」とか「企業の社会的責任」を掲げて労働者保護政策を実現するとか、いろいろな考え方があるが、本論としては、この資本主義の景気循環それ自体を階級矛盾としてとらえ、産業社会のキャピタリスト・ブルジョアジーの支配からのパラダイムチェンジとしての〈労働者の生産自治〉を勝ち取ってゆくという問題意識を展開したいと考えるものである。その一つの事例として、ここではサブプライム恐慌のケーススタディから入ってゆきたいと考えるものである。

●——サブプライム・ローン問題とは何か

まず確認しなければならないことは、〇八年恐慌が、何かの自然現象ではなく、アメリカ資本主義権力者たちがこの間展開してきた政治経済政策の帰結としてあるということを見ておかなければならないということだ。

当時のアメリカ・ブッシュ政権は、住宅バブルを軸としてアメリカの経済成長をすすめようとした、これが始まりだ。ブッシュ政権は経済成長の主要な割合を住宅市場に依存しており、これから見るように、その大部分は住宅金融に依存していた。

それは同時に政治的にはアメリカの「対テロ戦争国家」化を経済的に支えるものとして、また経済主義的な国民統合としての意味を持っていたということだ。

しかし二〇〇六年秋以降、住宅の過剰生産に対し住宅の購入が限度に達し反転下落しはじめ、またアメリカのインフレ傾向に対するFRB（米連邦準備制度理事会）の金融引き締め政策の発動をつうじて、利上げによりローン金利も上昇した結果、債務不履行としてサブプライム・ローンの焦げ付きが激化し、住宅バブルは崩壊した。

最初、住宅バブルはフロリダなどのリゾート物件を購入していた富裕層によって推進されていた。だがプライム・ローンで上向いた住宅ブームを通じ、過剰生産傾向を示した住宅建設ラッシュに対応すべくクレジットスコア＊の低い人々に対してサブプライム・ローンを販売することで、住宅ブームを下支えさせようとするようになっていったのである。

サブプライム・ローン資格とは「過去五年以内に破産宣告を受けている」とか「返済負担額が収入の五〇％以上」などであった。このようなサブプライム・ローンにより、八五〇万世帯のサブプライム層が購入したのである。

このようなことが可能となったのはノンリコース（非遡及貸出債権）制度、つまり借金している人は担保を差し出せば借金は免除されるという、アメリカの制度に根拠をもっていた。

＊アメリカでおこなわれている消費者の過去の借入と返済の履歴。スコアが低い借り手は信用力が低い。

●――経済学者の分析――サブプライム層の動員と過剰生産

伊藤誠はつぎのように分析している（『情況』〇九年一／二月号、「サブプライムから世界金融恐慌へ――マルクスの逆襲」）。

「資本主義的金融セクターの中枢部をなす大手銀行が、住宅金融などの消費者金融の拡大に積極的に進出し、広く労働者階級を重要な貸付対象としてとりいれる傾向を強めてきている。その結果」「労働力の代価としての賃金所得にかなりの元利払いの負担をおわせ、搾取・収奪を重ねる社会経済機構が、資本主義の中枢に広く形成されたのである」。

「いわば労働力の商品化による剰余労働の搾取に、労働力の金融化による重層的搾取が現代的に組織される傾向がみとめられる」。

「二〇〇一年からの景気回復に向けての低金利を利用したアメリカの国内金融の拡張は、さらに大規模に労働者階級への住宅金融を中心とする消費者金融に注力する特徴をもっていた」。

つまりここで伊藤がいっていることのポイントは、「労働力の金融化」ということだ。

労働者は資本家に「労働力」という「商品」を売り、それを買い取った資本家は、その労働力を「資本家の生産力」として工場・職場生産点で使用する。そこで資本家は生産設備や労働力の購買にかかった資金の回収以上の富、収益をあげるための生産として、労働者に利益還元されない資本家だけが所有する、いわゆる剰余価値の産出のための商品の生産を組織する。この剰余価値が搾取されることと引き換えに、労働市場で得る賃金をば、住宅ローンの支払いというかたちで、資本が収奪するということが広汎におこなわれるようになったということだ。

「そのさい……サブプライム層（信用力があるプライムローン対象者でない人びと）への住宅ローンが、新たな市場として開拓され積極的に拡大されて、のちにサブプライム問題を生ずることになった」のであった。

●——全米規模の住宅ローン販売

ここでサブプライム層のローン利用の規模を確認しておこう。

「サブプライムローンは二〇〇一年以降に急増し、二〇〇八年には実行ベースで住宅金融の二〇%、総残高の一三%(実額で一・七兆ドル)を占めるにいたる。サブプライムローンの標準モデルは二〇万ドルとされているから、残高からみれば、八五〇万世帯(アメリカにおける一世帯平均ほぼ三人をこれに乗ずれば約二五五〇万人)のサブプライム層が、住宅ローンを負っていたことになる。住宅ローンの総額一三兆ドルの全体をとり、平均かりに四〇万ドルのローンが組まれているとすれば、三二五〇万世帯(三倍すれば)アメリカの全人口約三億人のほぼ三分の一が住宅ローンによって新居をえたものと思われる」(同前、以下この節の引用すべて)。

ものすごい規模だということがわかるだろう。ピーク時では住宅着工件数は、年間二〇〇万戸にたっしているのである。こうした住宅ローンの展開は、それじたいが、「アメリカンドリーム」の夢を売るというような内容での、全国民的な経済主義的国民統合の意味をもつものに他ならない。

だが、「二〇〇六年秋以降、一〇年にわたる住宅価格の上昇が、停滞的な大衆の所得との比較で限度に達し、反転下落しはじめたときに、一転してグローバルな金融危機を生ずるにいたる。それは、アメリカの住宅金融が、各種の抵当担保証券(MBS)に組成されて(後述する——引用者)、グローバルに転売され、世界中の金融機関に大量に保有されていたからである」。

一言でいうなら住宅建設にも「労働力の金融化」にも限界があったということである。

そしてそれが生み出したグローバルな危機とは、住宅ローン債権を証券化し販売したことであった。住宅金融会社は、サブプライム層の動員としてあるサブプライム・ローンは、債務不履行（デフォルト）リスクが高い、ハイリスクであるということはわかっていた。だからリスクを分散させるべく、金融工学といわれる考え方に基づき抵当担保証券（ＭＢＳモーゲージ・バックド・セキュリティー）などの、さまざまの証券化商品に加工し転売したのだ。この金融商品が世界規模でこげつき、金融・証券機関の連鎖倒産へといたったのであった。

そして「世界的な規模で各国の金融諸機関、年金基金、保険基金、投資信託基金、ヘッジファンド、さらには政府・自治体の投資運用基金などにまで売り込まれ」たが、「住宅市場の価格の反転下落とともに、二〇〇七年以降あいついで債務不履行におちいる構成部分を増していった」のである。他方で、住宅ローン購入者においては「期待していた担保住宅の値上がりも所得の上昇も実現しない場合」、例えば「ローン二〇万ドルへの月々の返済額がたとえば――二年目の一五三一ドルから五年目には二三七〇ドルへ大きく増大し」それによって「返済不能となり、期待していた住宅価格の上昇による借り換えもまったく望めなくなり、住宅の差し押さえにあって追い立てられる人びとの数が優に一〇〇万人をこえて増大し続け、社会問題となって」いったのであった。

●――ブッシュの戦争政策のための経済主義的国民統合の破産

ブッシュ政権はまさに、このサブプライム危機によって陥没したのであった。

「カリフォルニア、フロリダ、ネバダはすごい状態です。二〇～五〇％の住宅ローンが担保価値割れした水没状態です。オバマに投票した激戦区のいくつかは水没状態。……経済危機がいかに深刻か、個人に打撃を与えているかが見えます」（金子勝「金融資本主義の終焉」、『情況』〇九年一―二月号）。

まさにオバマ政権による戦争政策・経済政策の一定の転換（イラク撤兵政策、排ガス規制などを先鞭としたグリーン・ニューディールなど）はそれをうけての、景気回復策にほかならなかった。

金融工学のこのような破産は、市場における貨幣供給量をより大量につくりだすことが、限られた富を、最大多数の人々に平等に分配することになるというマネタリズムの考え方にもとづき、その考えを金融取引において組織したものだということができる。

そして、まさにこのような金融工学の破産によって現出した金融危機の結果、生産は過剰生産となり、資本投資の過剰という現象、大不況が現出してしまったのである。

●――アメリカの成長神話の破産

その破綻の問題の根幹には、資本主義の必然的な景気循環がはたらいている。

住宅バブルの前には、ＩＴ景気などにささえられたニューエコノミーブームがあった。そこでは、〈生産性の上昇によって米国経済からは景気循環が消失してしまい、インフレなき長期景気拡大が実現、情報技術の発展による在庫管理の効率化、規制緩和による企業間競争、労働市場の柔軟化などが理想的な経済構造をもたらした〉とされる、ニューエコノミー論が登場した。

こうした考え方は、金融工学の前提でもある。ＣＤＯ（コラテライズド・デット・オブリゲーション）などの証券化商品の考案は景気の上向きがずっとつづくという設定でしかなされないものだった。景気下降となったときの反転が考慮されないことになる。

住宅・不動産ブーム――サブプライム・ローン政策は、このような経済成長の心理にも支えられながら、市場原理主義をつうじ貨幣供給量の回転をあげる、収益の流動性、貨幣流通をアップさせてゆくという考え方にもとづき、証券化商品にみられるような投機資本主義を展開してきたのである。

しかし、こうした投機資本主義もまた、その実体の力量は、剰余価値の搾取による資本蓄積を土台とする以外ない。今回のサブプライム問題における「労働力の金融化」（の限界）とその破産という場面こそは、その実質的資本蓄積が資本主義の運動をあくまで、規定しているのだという、そのことを明確に示し出したのである。

そしてこのような金融危機はアメリカが、日本や中国に国債を買わせるなどして世界から集めてきた資金を、アメリカの金融市場で増殖して、これを国外に流出させ、投資を誘導してゆくというサイクルを機軸として、ドルの基軸通貨性を確保してきた、そのサイクルの破綻の危機が現出したことを意味する。

●――過剰資本投下の形成を根幹とした景気循環の必然性 ――エンゲルス〈恐慌革命論〉ではなく「景気循環論」として

そもそも資本主義は、好況期の資本の過剰を内容とした生産の過剰にもとづく景気循環をのがれることはできない。

そこでマルクスがつぎのようにのべていることは、確認しておこう。

「信用の発達につれて生産過程をその資本主義的制限を乗り越えて推進することの必然性、過剰取引や過剰生産や過剰信用が発達せざるをえないのである。それと同時に、これはまた、つねに、ある反動を呼び起こすような形で起こらざるをえないのである」（『資本論』第三巻、マルクス・エンゲルス全集二五b）。

つまり資本主義の過剰資本投下とそこからくる反動としての、歴史的にいろいろな状態を示しだす恐慌や不況は、それこそが資本の運動なのである。そのようなものの一つとして住宅バブルの崩壊から大不況への展開ということが現象してきた。その様相は、以上にわれわれが見てきたとおりである。

ここでマルクス経済学の経済学原理論でいわれている景気循環の代表的なシナリオを書いてみる（宇野弘蔵『経済原論』岩波全書、参照）。

好況期における過剰生産・過剰資本投下の展開により、設備費や賃金の上昇によって、資本家の利潤になる部分の割合（利潤率）が相対的に低下することに対応することからも、利潤部分を引き上げようとする資本は、銀行からの借り入れをもって過剰生産を続けようとする。だが過剰生産には限界がある。販売は頭打ちとなる。結果、銀行は産業資本家への資金の貸し出しを抑制（利子率の上昇という形で）する。商品交換はすべて産業間でいろいろ連関しているから、全社会的な商品の過剰、資本の過剰などを現象し、投売りがはじまり、最後は経済は麻痺、恐慌が起こる。

このように資本は利潤率をめぐるいろいろな理由から過剰な資本投下による過剰生産を展開することになるのである。

これにつづく不況期には合理化と労働賃金の低下を根拠に、資本は生産設備などを刷新し、過剰生産力を消化する市場をつくり、新たな資本蓄積を開始しようとする。不況期から好況期への過程では不況期に排除された労働力を雇い入れ好況期を準備する。それは、資本が利潤をよりおおく生産するためになされるが、ふたたび過剰資本投下の問題が襲ってくるということだ。以上がシナリオのあらましである。

結局、労働者は資本主義のこの循環においては、労働力商品として、資本にとって必要な生産力として存在するにすぎない、ということだ。そもそも労働者階級は、資本主義がつづくかぎり、こうした景気循環に左右された人生をおくりつづけることになる。

だが本論はエンゲルス『空想から科学への社会主義の発展』にあるような、〈恐慌＝革命〉論の立場ではない。エンゲルスの〈生産力（物質的生産諸力――を「生産の社会性」「社会的生産」と規定）と生産関係（生産手段の所有関係――を生産手段と生産物の「私的な取得」と規定）の矛盾→恐慌→革命→新たな生産関係（生産手段の国有化と生産物の平等な分配）〉という立論は、そもそも資本主義景気循環論ではないものであるからだ。

●――エンゲルス恐慌論に対する批判

だがエンゲルス恐慌論は、そもそも採用できない論理であることにはふれておくべきだろう。ここでは、そのうちの特質である、「商品過剰生産恐慌」説についてのみ指摘しておこう。

エンゲルスは『空想から科学への社会主義の発展』（マルクス・エンゲルス全集第一九巻）で、次のように述べている。

（一）「大きな仕事場や手工制工場への生産手段の集積が、それらの事実上の社会的生産手段への転化がやってきた。しかし、この社会的生産手段と生産物は、それまでどおり個々人の生産手段と生産物であるかのようにとりあつかわれた」。生産手段と生産物を取得するのは資本家であった。「社会的生産と資本主義的取得とがあいいれないことも、ますますまざまざと明るみに出ないわけにはいかなかった」(原書頁二一三～二一四頁)。

この生産の社会性と取得の私有制の矛盾が、恐慌の原因とされる。

(二)「恐慌においては、社会的生産と資本主義的取得のあいだの矛盾が暴力的に爆発する。……生産様式が交換様式に反逆する」(原書頁二一九頁)。

「資本主義的生産様式は、それはこれ以上これらの生産様式を管理してゆく能力がないということの、動きのとれない証拠をつきつけられる。他方ではこれらの生産力そのものが、ますます力づよくこの矛盾の揚棄をせまるようになる。つまりそれを資本という性質から解放すること、それの社会的生産力としての性格を実際に承認することを、せまるようになる」(原書頁二二〇頁)。

(三)「恐慌のたびに、社会は、自分自身のものでありながら自分で使用できない生産力と生産物との重圧のもとに窒息してしまい、消費者がいないために生産者が消費すべきものをなにももたない、というばかげた矛盾に直面してとほうにくれる。……社会が生産手段を取得すれば……あの生産力と生産物との直接の浪費や破壊もなくなる」(原書頁二二五～二二六頁)。

こうした前提にたって、エンゲルスはつぎのようにのべる。

「いままでのべてきた発展過程(中世社会→資本主義革命→プロレタリア革命のこと――引用者)を簡単にまとめてみよう」として、そこで、恐慌をつぎのように定義している。

(四)「産業予備軍、他方では、生産が無制限に拡張されるが、これもやはり、それぞれの工場主にとっては競争の強制的な法則である。この二つの面から、生産力のかつてなかったほどの発展、需要に対する供給の超過、過剰生産、市場の在荷超過、一〇年ごとの恐慌、こちらには生産手段と生産物との過剰――あちらには仕事も生活手段ももたない労働者の過剰という悪循環」という問題が、プロレタリア革命を導いてゆくというストーリーである。

ここでは、エンゲルスは恐慌を、商品過剰生産恐慌説として記述していることは明白である。需要に対する供給の過剰、過剰生産、市場の在庫超過ということそれ自体ならば、それは次のような不十分さを、持つことになる。つまり政治理論としては、そう言えたとしても、経済学的には次のような不十分さをもっているのである。つまりエンゲルスの恐慌論は、「社会的生産」と「資本主義的取得」の矛盾というように、政治理論的な何がしかの所有論的な解明が、指向性の範囲では行われているとはいえても、マルクス経済学に位置づけをもった価値論（資本―商品―貨幣としての価値増殖の展開にかかわるもの）に即して説かれているわけではない。

ここで宇野弘蔵に登場願おう。

「元来、恐慌現象は……商人ないし商業資本的投機によって価格の騰貴の予想の下に堆積される商品在庫の内にその真の原因が隠蔽されることになるのであって、予想された価格が実現せられないで支払不能に陥ることを直接的原因としてあらわれる。したがって現象的には商品は生産されたが販売されないということに起因するように見えるのである。しかしそれだけのことであれば恐慌はいわば商品経済一般に共通な無政府的な生産に伴う過不足の解決方法ではあっても、資本家的商品経済に特有なものとはいえない」（宇野弘蔵『恐慌論』岩波文庫、八九頁）という問題が、商品過剰生産恐慌説の場合には問題となるということだ。

「問題は、単に生産された商品が一定の価格をもっては販売されないために、その商品の価格の内に含まれる剰余価値としての利潤が実現されなくなり、資本にとってその商品の生産を継続しえないというだけのことではない。それならば資本は他の商品を生産すればよいのである。もちろん、個々の資本にとっては、それはそうはいっていられないことかもしれない。しかし社会的には前にも述べたように資本主義社会は価格の変動を通してその調整をなすのである」（同前、九〇頁）ということになる。

では、資本主義社会に特有な恐慌の特殊性とは何か。

それは、「労働力の商品化」にある。

好況期における生産の増進は、労働力商品の価値を上昇させ、資本家は労働者を大量に雇い入れる。だがそのことは、労働市場での資本の競争をつうじて、雇用には一定の制限がかかることになる。

「固定資本（資本設備のこと――引用者）の投下と更新も、実はこの労働力なる商品に対する資本の特有な関係によって規定され、一定の時期におけるその集中化の傾向もこれによって初めて解明されるのである」（同前、九二頁）。

つまり「この労働力なる商品が、資本にとっていかに有利に利用し得られるほどに与えられているか否かは、資本の生産物が資本として機能しうるか否かを決定するものとなるのであって、生産の拡張と停滞もこれによって特殊の形態をもって……決定される」（同前、九三頁）。

この場合、おさえておくべきなのは、〈商品としての資本の過剰と労働人口の過剰とが同時に現われる〉ということである。

「かくて資本家的商品経済は、一方では労働力という特殊の商品を積極的要因とし、他方では固定資本の更新を消極的要因として、周期的恐慌によって媒介される景気の循環をもって発展することになる」（宇野弘蔵『経済学方法論』、東京大学出版会、初版一九六二年、一六二頁）。その場合、ポイントとなるものは、好況期による賃金上昇により資本の利潤率が低下し、資本の増加にもかかわらず、それと反比例して利潤率は低下する、「資本の過剰」がおこるということだ。資本は利潤率を保持するため生産を増進させようとし、銀行に資金を借りに行く。生産は上がるが今度は、過剰生産が進行する。商品は増加するが資本が計画した価格では売れず、投げ売りが始まる。結果、銀行に返す金は得られない。これに対して銀行は利子率をアップすることで、資本の生産をストップさせることになる。

「利潤率の低下に対する利子率の昂騰が、拡張の停止という形で社会的規制を明らかにする」（同前、一六二頁）ということになる。

つまり本論冒頭のサブプライム恐慌での「労働力の金融化」という論説にあるように、その「労働力の金融化」の限界と「住宅市場」の限界による資本の過剰を要因とするものとしてサブプライム恐慌が現出したという問題が、まさに労働力の商品化の土台の上に、展開されているということなのがわかるだろう。まさに労働力と資本とのこのような関係が、恐慌の根本的な要因をなすといわなければならないのである。

そこで、エンゲルスの先に見た、政治理論的な位相での商品過剰生産恐慌→そこから直接的に――その究極的な解決としての――プロレタリア革命が措定されるというシナリオとの違いであるが、それはつぎのようなことである。

「マルクスもいうように『ある一定の利潤率をもって労働者の搾取手段として機能させるには、余りに多くの労働手段と生活手段とが、周期的に生産される』(『資本論』第三巻……)ことになるのであるが、それこそ生産力と生産関係との矛盾の、資本主義に特有なる形式による発現といってよい。もちろん、この矛盾の爆発としての恐慌は、唯物史観にいう変革のように、質的に異なった新しい生産関係を展開する契機をなすわけではない。……この新しい生産の方法による生産関係の変化は、新たなる一定の剰余価値率としてあらわれる資本家と労働者との間の変化にすぎない」(同前、一六三頁)ということになる。

エンゲルス恐慌論に対し、本論は資本主義景気循環そのもの(好況・恐慌・不況の循環)に対する批判と、労働者人民の反資本主義の主体形成を問題としている。この点で、大きく相違している。これを前提として、以下、「労働者の生産自治」という問題へと転回する。

●――過剰資本とは資本主義に特有な「過剰」ということ

かかる資本主義の過剰資本投下が、いかにナンセンスかは、これと労働者の生産自治とを比較すれば、容易に理解することができるだろう。

「資本家的生産規模の拡大と共にますます大量的に生産される生産手段と生活資料とが過剰となるというのは、かくして単に労働人口に対して過剰であるというのではない。かかる生産手段及び消費手段が資本として機能する限りにおいて過剰なのである。資本の形態をとらないで、いい換えれば労働者が自ら生産手段を使用して生産をなし、消費資料を自己の生活に使用するというのであれば、なんら過剰となるべきものではない。……資本として過剰となった生産手段も、労働者が自ら使用すれば過剰でないとは、そのままではいえないかも知れないが、しかしもし労働者が自ら使用するものとして生産されていたとすれば、例えば労働時間の短縮とか、労働の軽減のために使用し得るようなものとして生産することも出来たのであって、生産手段としても過剰に生産するということにはならない。さらにまた資本家的には到底実現し得ないような大衆的消費資料の増産にも充て得たのである」（宇野弘蔵『恐慌論』、岩波文庫、一四五〜一四七頁）ということである。

つまり、資本がまさに利潤動機で生産し、過剰な資本投下を展開することに対し、労働者の生産自治では、「過剰」生産物、過剰な設備投資といったものを、生産自治による生産物交換によって処理するシステムが内包されているということだ。そもそもその生産自治は需給関係それ自身をコントロールすることを可能にする。生産計画がコントロールでき、また、商業としての市場（大衆の需要）に対する妥当な生産物の生産量と設備投資を計画化することを可能にするのである。

注（図説）資本家的生産過程と労働者の生産自治

G（貨幣）、W（商品）、Pm（生産手段）、A（労働力）、⊿w—⊿g（剰余価値部分）、P（生産　労働生産過程＝価値形成増殖過程）

資本家 G—W（Pm ＋ A）—P—W´（W ＋⊿w）—G´（G ＋⊿g）
労働者 A——————————G——————————W
労働者は資本家に労働力（A）を商品として販売し、それによって得た、賃金（貨幣G）で、生産過程でつくった商品（W）を買い戻し、労働力（A）を再生産する。

G—W—G´がPを包摂する＝資本主義的生産過程（流通過程が生産過程を包摂するシステム）は、このような労働力の商品化をつうじてのみ存在する。労働者の生産自治は、資本家階級の支配を終わらせ、この全過程を労働者が共同で運営する過程である。
資本家は労働者が売った労働力（の使用価値）を生産過程で自らの生産計画に用いる権力を行使する。生きた労働によって生産された価値から賃金部分を引いた部分が剰余価値部分である。この剰余価値の生産のため資本家は労働者の売った労働を処分する権力を行使する。剰余価値は労働力の自然属性のようなものとして生産されるのではない。

●――労働力商品化の廃絶＝「労働者の生産自治」をめざせ

かかる資本主義の景気循環からいえば、戦争も過剰生産力・過剰資本の処理のための大規模公共事業にそれは他ならない、またそれは「オイルのための戦争」といったように生産力の成長に必要な海外への経済的支配力の強化という課題から資本主義においてなされることだ。

例えば一九三〇年代の恐慌はどのように解消されていったのか。アメリカではニューディール政策をつうじ、銀行破たん回避策と公共事業の組織化、社会保障政策などで景気回復を図ることをつうじ、三七年不況をのりこえた米国経済は、結局は第二次大戦の軍需的スペディング（軍需中心の大規模公共支出財政政策）によって解消された。

日本もまた、恐慌後の高橋財政は軍事的スペディングポリシー（軍需中心の大規模公共支出財政政策）にほかならなかった。

かかる好況―恐慌―不況―好況のサイクルのなかで、労働者階級は、賃金奴隷として資本の専制のもとで働くというのが資本主義のシステムだ。

現在の長期的につづくと予測されている大不況下での、解雇・合理化攻撃は、まさにそうした景気循環に対する資本家階級の政策としてである。

ではなぜ、このような賃金奴隷制がつづくのか、それは「生産者と生産実現条件の所有の分離」、資本の労働に対する処分権（労働・生産過程で資本が労働者の労働をいかに組織し、より多くの剰余価値を増やすかを決定する権限）に根拠をもっている。

この場合の資本主義の労働政策だが、日本では次のようなことが展開されてきた。例えば日本には、年収二〇〇万円以下の民間労働者が一〇九〇万人（国税庁二〇一一年度分、統計調査）、雇用者の約三八％以上の非正規雇用労働者が存在する。この現実は資本家が、労働者を自分の都合で雇い入れ、資本家が重荷になったと判断すれば生産過程から排除し、労働市場での賃金契約をできるだけ抑え、労働力の再生産がなしえないような賃金で働かせ、賃金を圧迫し資本の利潤を防衛しようとするものに他ならない。

まさに、かかる景気循環に対する資本の利潤を防衛せんとする対労働政策として、「非正規雇用」政策が展開されてきたのである。

例えば一九九五年、日経連は「新時代の日本的経営」を提起、その中で「長期蓄積能力型グループ」「高度専門能力活用型グループ」「雇用柔軟型グループ」に労働者を三分割し、非正規雇用労働者を不況期の相対的過剰人口としてすばやく生産過程から排除せんとする方針を発表したのである。そして、二〇〇〇年以降、『文芸春秋』『中央公論』『日本経済新聞』で「格差社会」「中流崩壊」「新階級社会」など、それらが、運命論的な歴史的趨勢でもあるかのような大キャンペーンを始めてゆくのである（参照、渡辺雅男「現代日本における労働者階級の発見」、『社会理論研究』第九号、二〇〇八年一一月。社会理論学会編集。千書房発行）。

まさに労働者を分断し、資本のロボットとして使い捨てようとする資本主義権力者たちの犯罪的行為が、「雇用の流動性」、経済合理性の名のもとに展開されてきたのである。

資本の労働に対する支配、そのものが問題なのである。「企業の社会的責任論」ではなく、資本主義は労働者の生産自治を実現することによって、根底的に廃棄される以外なく、これをつうじて金融資本主義の暴走などを根絶するような社会制度がつくりあげられる以外、労働者にとって、以上のべてきたような問題の解決の道はない。

だからこそ労働者自らが生活と権利を守るため、職場生産点・地域での原則的な運動をつうじて、こうした「もう一つの社会」、労働者の共同体社会を実現するという目的をもった、労働者の社会的勢力が組織されていく必要があるのだ。

そのことは工業—農業、都市—農村をつらぬいて普遍的に問われている問題である。その共同体の〈古形〉となるものを、第六章で分析することにしよう。

第五章●――「労働力の商品化」をめぐって

いいだももによる梅本・宇野論争の分析から

●――はじめに

第三章で論じた資本主義の根本問題としての「労働力の商品化」をめぐる理論問題について考察する。本論では岩波書店の雑誌『思想』に一九六六年から六七年にかけて都合四回掲載(六六年一、一二月号で「社会科学と弁証法」、六七年五、七月号で「『資本論』と『帝国主義論』」)された宇野弘蔵と梅本克己の対談・論争を戦後「最高水準」として高く評価した、いいだももの言説を分析する。

この梅本・宇野対談において、いいだももは、梅本を会長、いいだももを事務局長とした水戸唯物論研究会の同志として、「遠くへ出かけられない梅本会長を補佐していわば会の『渉外係』を担当していたわたしが、その『世話』の一端を果たした」という(『社会科学と弁証法』、いいだももによる巻末「解説」、こぶし書房、三五八頁)。茨城県の大洗に宇野弘蔵が出向いて行ったこの対談は、それ以降の宇野、梅本のこの対論をめぐる諸論考をつけくわえ一九七六年『社会科学と弁証法』

として岩波書店から刊行され、また二〇〇六年にこぶし書房より出版されたものである。

●——六八年反乱の「形見」としての梅本・宇野対論

それはいいだももによって「新左翼の分解・内ゲバ・自己崩壊の中でも、それにもかかわらず、梅本・宇野『社会科学と弁証法』の学問的成果は理論上いわば『六八年反乱の形見』としてわたしたちに遺されたのである」(『二一世紀の〈いま・ここ〉——梅本克己の生涯と思想的遺産』の「V二一世紀の主体性を——梅本・宇野論争を糧に」、こぶし書房、二〇〇三年、一八四頁)と評されているものだ。

いいだももは言う。「大洗における宇野弘蔵との二度にわたる対談は、後期梅本哲学のハイライトというべき学問作業」である。「この梅本・宇野対談は、資本制生産様式の魂ともいうべき『労働力商品化』をめぐって、産業循環をつうずる『循環の弁証法』(宇野の立場——引用者)すなわち世界市場恐慌による資本家的社会の存続・高次化の体制内循環と、プロレタリア革命による『移行の弁証法』(梅本の立場——引用者)すなわち資本家的社会から共産主義社会への革命的転化の体制間移行との関係をめぐって、当代一流の哲学者と経済学者とが丁々発止と言論的肉弾戦を演じた論争書として、六八年世界反乱の時期における世界的に最高水準をしめしたマルクス主義的結晶にほかならなかったとわたしは価値判断している」(同前、一八三頁)と。

●──マルクス主義論争の最高水準の意味

何が・どう最高水準なのか、いいだももはこの対談を過去の重要論争と比較する。「日本のマルクス主義の従来の一般的水準は、よかれあしかれ『昭和マルクス主義』以来最高の達成であった、再度にわたる〈日本資本主義論争〉の到達水準によってこれを推し測ることができる」。それは、日本の社会主義運動の地平を画した二つの論争であった。戦前の「日本資本主義論争」と「戦後の日本帝国主義自立・対米従属論争」だ。

「戦前・戦中における講座派VS労農派の日本資本主義論争は、『封建論争』であった」。「封建論争」は近代日本の「寄生地主制農業の『半封建制』の性格をめぐって論争され」、両派とも、マルクス『資本論』の諸命題を、日本資本主義のいろいろな特徴に「あてはめ的に適用」して、日本の将来は「イギリス」か「ドイツ」かを争うものだった。しかしそこには、すでにその論争が、「『帝国主義段階』においてなされた、という全球的視野が欠落していた」(同前、一八五頁)という。

もう一つの「戦後における対米従属派VS帝国主義的自立派の日本資本主義論争は『従属論争』であった」。それは「レーニン『帝国主義論』のあれこれの命題を戦後アメリカ占領下に資本主義的再建をとげた日本資本主義の現状に直接的に・当てはめ的に適用」しただけのものだった。だが日本資本主義の分析は「『現代資本主義論』の現状分析範疇に属するものであってすでに失効した『帝国主義論』の旧範疇に寝そべった怠惰な分析=無分析によっては、それこそ戦後日本資本主義の経済的動態はもとよりのこと、日本国憲法や日米安保条約や沖縄米軍基地支配の政治的性格一つわかりようがないのである」（同前、一八六〜一八七頁）という水準にあった。

つまりこの二つの論争は、どちらも「本格的に、真正面切って日本資本主義の『資本主義性』に向かいあったことがない」（同前、一八七頁）ものとしてあった。まさに「この根本的弱点を直視するだけでも、『労働力商品』化の無理難題に正面から挑んだ梅本・宇野『社会科学と弁証法』対論の思想的・理論的意義の巨大さを感得することができよう」（同前）と位置づけているのである。戦前・戦後の二つの論争は資本主義の核心を問題にしていない。核心とは労働力の商品化の問題である。これを問題にしたものが、宇野・梅本論争だったということだ。

●――労働力商品化――「循環」と「移行」の二つの論じ方

対論における論争のポイントについてのいいだももの分析は次のようである。「体制内移行の〈循環の弁証法〉と体制間移行の〈移行の弁証法〉の関係性として……宇野理論の側から梅本主体性論にさしのべられる接点＝切線は、『永遠に繰り返すかのごとく』把握されざるをえない『資本』の弁証法体系は、そのように円環的な自己完結存在として自証されることによって、逆説的に資本家社会が歴史的存在でしかないことを隠示しているという消極的確認にとどまる。その場合、宇野理論が発する哲学方法的言辞は……一九世紀ヴィクトリア期におけるイギリス資本主義のいわゆる純化傾向（「純粋資本主義」なるものへの純化――引用者）をモデルとした、商品経済の発展による『実存的抽象』の模写論である。まさにこの接点＝切線をめぐって、梅本・宇野対論が……論争の剣を交わしている様を、『社会科学と弁証法』においてわたしたちは看た」（同前、一〇一頁）のであったと。

つまり宇野が一九世紀中葉のイギリス資本主義が「純粋資本主義」（純化）に向かう傾向にあった、その「模写」をつうじて「絶えず循環する純粋資本主義」の論理を論定するのが経済学原理論の任務とすることに対し、梅本は「純化」の概念にはその「循環」の論理から捨象された歴史の要素が「裏面」に帯着している、その「裏面」にある「不純化」な要素と「純化」傾向を示す要素が交じり合って実際には歴史としての資本主義を形成してきたのであり、だから経済学原理論は歴史総体を対象とする「移行」の論理とつながっていると切り返したのであった。そしてこれらの論点の中心に「労働力商品化」の「無理」（本来商品として生産しえないものが商品化されている）ということの捉え方をめぐる問題があったのである。

実際どんな論争がおこなわれたのか。まずここで『社会科学と弁証法』（岩波書店）での両者のやりとりをまとめることにしよう。

（「I 対談 社会科学と弁証法 二 労働力商品化の意味」から）

梅本　たとえば先生の『「資本論」と社会主義』ですね、（略）「労働力だけは純粋の資本主義社会でも資本の生産物として商品となるのではない、唯一の商品なのであって、それは純粋の資本主義社会を確立するものであると同時にそれを否定するものにも転化しうるものといってよい」（九頁）そのように考えざるを得ないものとして、そこに、「一方では理論的完結性を認めながら、他方ではその体系の全面的否定の可能性をその内に認めざるをえない」（一〇頁）と書いています。（略）私としては、先生が指摘されたこの矛盾成立の根拠を、生産手段の私的所有の問題を統一的につかみ、賃労働と資本との対立根拠としてこれをつかんでゆきたいと思うのですが、とにかくここでは、労働力商品というものの独自性のなかに資本主義の自立の基盤があると同時に、それを否定するものがある、という先生の指摘に沿って、自己運動の原動力としての矛盾と、没落の必然性を根拠づける矛盾との内的関連への、なにか本質的な手がかりを発見することが出来るかどうか、この点について先生のご意見をお伺いしてみたいのです。

宇野　（略）資本主義社会の運動の法則を解明する経済学は、その矛盾の意味、その発展の過程をも明らかにするといっていいですけれど、それから直ちに資本主義を否定する運動が展開されるかというと、そうではない。根本は、労働力が商品形態をとるということが、商品経済から出ているとはいえない点、そこに無理があるという点、この点でその否定が問題になるということになるのではないかと思うのです。それはいわゆる疎外の問題としての否定というわけです。人間回復という意味の否定ですが、その否定の過程自身は商品経済の原理を明らかにする経済学の解明しうるものではないと思うのです。経済学はそういう否定の対象自身を明らかにすることができるというわけです。

梅本　（略）労働力という商品の独自の性格はいろいろな形で規定できると思うのですが、私としては、その独自性を決定するものは、やはり人間主体と切り離せないところにあるのではないかと思っています。これはマルクスが初期の疎外論以来一貫して、いろいろな形で表現してきたことですが、とにかくそれは人間主体と切り離してはそれを消費することができない。ですから、そういうものが商品化するところに資本主義自立の根拠があるとすれば、自立の根拠そのものの中にすでに自立を許さないものがある。どんなに資本主義が自己の原理を純化させようとしても、純化の根拠そのものの中に純化しきれぬものがある。不純化の根を残している。ですからまた経済学にしても、少なくとも根底的に批判的であろうとするかぎり、単なる科学として自分を純化しえない、思想的なものをその中にかかえこまざるを得ない。

梅本は、労働力商品化の無理から純粋資本主義の原理論にも、循環論だけでなく、否定＝移行の論理が孕まれざるをえないと言っているのだ。これに対し宇野は切り返す。

（上記対談「三　純化・不純化の問題」から）

宇野　商品経済の発展だけで労働力が商品化するというそういう関係だけでなく、それが封建社会の崩壊からきているのです。（略）そして資本主義社会では自ら純化するものとなるのですが、実際上は、いつも不純なものをもっている。しかし、この過程の内に資本は自ら生産しえない労働力商品をいわゆる相対的過剰人口として形成しうることになるので、われわれは資本主義を自立的社会として、原理論の確立に不可欠の純粋の資本主義社会を想定しうるということになるのです。

（上記対談「四　移行の論理」から）

宇野　（略）労働力の商品化を基礎にして資本主義の原理が体系的に把握されるとき社会主義の主張は科学的な基礎を与えられる。労働力の商品化を止揚することが、社会主義の目標であることが確実になり、そしてそれによって従来の歴史に対する社会主義の意味も明らかになる。

梅本　（略）

宇野　あなたの言われる移行の問題は唯物史観と経済学の原理との関係ということになるのではないですか。

梅本　唯物史観との関係もありますが、その前に、先生が原理論の中で展開された弁証法の性格からすれば、移行の論理は体系的完結性の問題と切り離せないのではないかと思うのです。

これに対し、宇野は、移行の論理ではなく、循環の論理を次のように切り返すのである。

宇野　（純粋資本主義の——引用者）対象自身は歴史的な存在だけれども運動の性質からいう

と、永久的に、螺旋状をなして発展するものとして説くということになる。（略）あなたのいわれる自己を再生産してゆく永遠の弁証法が、歴史的な、一定の時期に始まって終りを予想される資本主義社会で認められる。そしてその基軸は労働力の商品化にある。それは元来は商品となるものではないものが商品化しているということにあるので、その点では、その形態の止揚をそれ自身に展開するということにはならない。むしろ矛盾を現実的に解決しつつ発展するということになる。それを論理的に体系化したのが経済学の原理になる。

（上記対談「五　経済学と唯物史観（一）――問題点――」から）

梅本　移行の論理を基礎づける否定の論理を明確に打ち出すにはどうしたらいいかということなのです。（略）先生の立場が『あたかも永遠にくりかえされるもののごとくに』であるとすれば、私の要望は「あたかも必然的に没落するもののごとくに」ということになりましょうか。

●――「純化」の論理としての景気循環における「労働力商品化」の意味

ここで本論主題との関係でおさえておくべきことは、梅本が労働力商品化の無理から、労働力商品化の矛盾によって労働力商品の所有者である労働者が資本主義の墓掘人となり新たな社会を形成するという「移行」の論理を立てるのに対し、経済学は、労働力商品化を対象とすることはできても、労働力商品（労働者大衆）による資本主義の否定の過程自身を直ちに論理化することはできず、むしろ、「循環」の論理を提供するというのが宇野の立場だ。

ここでこの純粋資本主義の円環的展開をなす景気循環における「労働力商品化」の位置であるが、例えばそれは次のようである。「かくて資本主義的商品経済は、一方では労働力という特殊の商品を積極的要因とし、他方では固定資本の更新を消極的要因として、周期的恐慌によって媒介される景気の循環をもって発展することになる」（宇野弘蔵『経済学方法論』、東京大学出版会、初版一九六二年、一六二頁）。つまり、好況期における労働賃金の上昇によって剰余価値率は低下する。利潤量が増加しなくなることは、資本が過剰になっていくということである。利潤率の低下を利潤量の増加でおぎなうための事業拡大で資本はますます過剰となっていくのである。この資本の過剰から恐慌が生成するが、まさに「恐慌を齎らす『不均衡』は、単なる商品の間の不均衡ではない。労働力という特殊の商品の価格運動を基礎とする価値増殖の問題である」（同前、一六四頁）ということになるのである。

だが「この矛盾の爆発としての恐慌は、唯物史観にいう変革のように、質的にことなった新しい生産関係を展開する契機をなすわけではない。新しい生産方法の導入によって、……新たなる一定の剰余価値率としてあらわれる資本家と労働者との間の変化にすぎない」（同前、一六三〜一六四頁）。

つまり体制間移行とはならず、好況・恐慌・不況の景気循環を「あたかも永遠にくりかえすごとくに」論述するのが宇野・経済学原理論の特質にほかならないのである。だから現実の矛盾としての「労働力商品化」（疎外）からの人間の解放の問題は経済学原理論とは別ということになる。これに対し梅本は経済学原理論といえども純粋資本主義という抽象からは不純とされるものを含む現実の世界の矛盾と地続きであると宇野に迫ったのだ。

●――純粋資本主義を否定するもの――「純化」の裏には「捨象」がある

梅本の同志として次のようにいいだももは述べている（「大風呂敷」といわれているいいだももだが、彼は終生、「梅本派」としては一貫している）。

「西欧を出自とする近代資本制社会の発祥が、中世のキリスト教世界と農奴封建社会の解体・崩壊によるいわゆる本源的蓄積過程にあることは、いうまでもないところである」。この「エンクロージャー（土地囲い込み）」をつうじて、かかる原蓄過程が資本家と労働者の階級関係をつくりだし「労働者階級の産出する剰余価値を生産手段の専有に依拠する資本家階級が搾取することによって社会を再生産するメカニズムが」機能し始め「資本制生産が本来的蓄積を基軸として動態的に『永遠にくりかえすかのように』円環的高次化をとげてゆくこととなる」。そして本源的蓄積過程、赤裸々な支配的・国家的暴力によるその本源的蓄積過程という〈収奪〉は風化し「歴史意識」から消えてゆく（前掲『二一世紀の〈いま・ここ〉』、二〇六～二〇八頁）。

「宇野博士にとっても、社会諸科学の科学的基礎をなすものとして観念されている経済学原理論において、それを『資本論』弁証法体系として完成させたマルクスの所説に即していうならば、一九世紀中葉のイギリス資本主義に実在的に現れた経済法則の『純化』が、産業資本支配下の商品経済の『抽象化』能力の進展に依拠して為されたような『純化』の極点にあっても、その商品経済的『抽象』は、不可分なその『裏面』における、外国貿易・食糧・農産物の輸入・綿花・羊毛など工業原料の輸入、農業問題の外化、地主王政、チープ・ガヴァメント、アイルランドにはじまる植民地の大英帝国的拓殖、アイルランド没落農民の新大陸アメリカへの大量移民、戦費のインド植民地への押しつけ、東洋の阿片貿易等々の『異物』（日高普）、『不純物』（宇野弘蔵）の捨象がおこなわれてはじめて、〈宇野理論〉が『理念型』化した『純粋資本主義モデル像』が思惟模型として観念上造形されることができたことも、わたしに云わせれば明らかすぎるところである。

この〈中心─周辺〉的な資本主義モデル像のビルト形成において、近代イギリス憧憬・西ヨーロッパ崇拝の西洋中心主義的イデオロギーからは、文明開化の進歩・発展によって『歴史の屑箱』に放り込まれて漂白・洗浄されてしまったと目されてきた、イギリス資本主義と世界資本主義世界の内外の『不純物』経済現象も、それなりの造形・表象をもって経済学原理論の次元においてそれなりの経済法則として定立させられなければ、マルクス経済学としても、それは西洋中心主義的世界形成のイデオローグ＝御用学者以外のなにものでもないのである」（いいだもも『恐慌論──マルクス的弁証法の経済学的な検証の場』、論創社、一一六五〜一一六六頁）と。これがいいだももが言いたいところなのである。「経済学原理論」は「唯物論的歴史認識」と地続きでなければならないということであろう。

●——宇野の「純粋資本主義」の意味について

この「純粋資本主義」の措定は、宇野三段階論といわれる経済学の方法論においてなされているという問題がある。

「純粋資本主義社会を想定して資本主義の経済法則を純粋に解明する、いわゆる原理論の領域と、資本主義の世界史的な発展段階をそれぞれの段階を代表する国をとってその段階的な特徴をタイプ的に解明する、いわゆる段階論の領域と、そして最後にその両者をふまえた上で、各国資本主義なりあるいはそれらの相互連関関係を個別具体的に分析する、いわゆる現状分析の領域という三つがそれです」（岩田弘「宇野三段階論の諸問題」、『宇野弘蔵をどうとらえるか』所収、芳賀書店、一九七一年、九三頁）。

そこで、その「原理論」の特徴を特におさえるべきなのは、次のことだ。

「宇野三段階論においては、原理論は資本制生産様式の普遍本質論的解明として、資本制経済の法則性の論理的＝歴史的な解明としてとらえられているのではない。純粋資本主義社会を存在論的に想定しつつ、『資本論』から歴史的発展性のモメントを分離して、純粋原論化したものが、宇野原論に他ならない。そして、この純粋原論を基準として、原理論から分離された歴史的モメントがタイプ的段階論の領域へとおしやられるわけである」（山口勇「宇野社会主義論の問題点」、同前所収、一三一九頁）。

こうしたことをどのように考えるかはともかく、宇野の「純粋資本主義」の措定は、そこから、抜け落ちた部分を無視するということではなく、段階論や現状分析で妥当とされる分析位置を与えられるということである。つまり、何をどのように分析するかで、三段階の分析位置が設定されているのである。

例えば、先述したように、いいだももによって、「純粋資本主義」では資本の本源的蓄積の場面が消えてゆくとされた問題がある。宇野弘蔵は『経済学方法論』で次のように述べている。「『収奪』が『資本主義的生産様式の出発点』であることは、いうまでもない。……しかしその『遂行』が、『この生産様式の目標であり、しかも結局においては一切の個々人からの生産手段の収奪である……』とは、そう簡単にはいいえない。……経済学は、『搾取』は原理論的に解明しながら、『収奪』はこれをその体系内にいれ得ないのである。それは、繰り返していうが、資本主義の現実の過程で演ずる『収奪』の役割を無視してよいということではない。むしろ反対に、『収奪』をも『搾取』と同様に原理論的に解明しうるかの如くにしてきた点に問題があるのである。段階論的に明らかにすべきものが原理論的に論ぜられてきているのである。マルクスも『資本主義的生産様式の出発点』をなす『収奪』を資本の「いわゆる原始的蓄積」として、『資本論』第一巻の『蓄積論』の内でも一般的規定とは別個に論じているのであって、両者の相違を無視しているわけではないが、しかしなお搾取関係を明らかにする原理論に対して収奪過程を明らかにする段階論を区別して論じえなかったのである」（前掲『経済学方法論』）。

このような宇野・方法論の特徴については、確認しておきたいと思う。

●――宇野弘蔵の「資本主義的商品」論

そもそも、この宇野の「労働力の商品化」に関して、その基本的な論理的骨格となっているところの〈価値論〉、〈商品論〉を確認しておく必要があるだろう。

マルクスは資本論冒頭で「資本制的生産様式が支配的におこなわれている諸社会の富は、一つの『巨大な商品の集積』としてあらわれ、一つ一つの商品は、その富の基本形態としてあらわれる」と述べている。まさに資本家的商品経済を前提に対象化された〈商品〉に妥当するものである。

この場合、この冒頭「商品」が「資本主義的商品」なのか、「単純商品」なのかの論戦が「戦後価値論論争」において展開された。宇野弘蔵は『価値論』（河出書房、一九四七年）で「単純商品」説を批判した。

「商品の発生する基礎は、古代社会であらうが、中世社会であらうが、その社会の基本的社会関係によることなく、与へられるのであった。……生産物が商品形態を与へられるといふことは、古代社会を中世社会に発展せしめる歴史的過程に対しては、言はば外的現象に過ぎず、古代に於いても生産物が商品に転化したと同様の条件によって、中世にも同じ現象が認められるのである」「それは生産物自身からも生産関係自身からも生ずるものではなく……生産力の発展を基礎にして一定の条件の下に生ずるものに過ぎない」。「それは資本主義社会自身の性質を理論的に明かにするものではない」。そこで宇野は歴史上の（単純）商品なるものと、資本主義社会の商品とを「商品」という概念で形態論的に一個二重性のあるものとみなして研究対象とせんとする立場を次のように批判するのである。

「古代、中世と並んで近世以降、現代の社会としてあらはれる資本主義そのものを研究する場合に、その最初の出発点として商品形態以前に遡るといふことは、それぞれ異なった生産関係から言はば偶然に発生する商品を抽象的に規定せざるを得ないのであるが、それでは商品形態自身が基本的社会関係となってあらはれる資本主義の商品の発生の根拠をつくるものとは言へないのである。古代、中世に於ける商品自身、之は普通資本主義的商品に対して単純商品と言はれて居るが、之を直ちに具体的に採って来てその出発点となすことも実は出来ない。それは決して商品、貨幣、資本の形態転化を社会的基本条件を基礎にして展開するものとは言へないからである」その単純商品は「資本主義社会への発展の必然的関係は持って居ない」のであり、「商品形態の発生、発展は、それ自身に歴史的発展を決定するものとは言へないのである」(同前、一〇～一一頁)とのべ、だから「『資本論』の第一巻に取扱はれた商品も、それは決して所謂単純なる商品、即ち資本主義以前の商品とはなし得ないのである。それは恰も所謂財貨から商品が必然的に展開せられ得ないのに相対応して、単純なる商品から展開される貨幣、資本は、決して資本主義社会を結実し得るものとはならないからである」(同前、一二頁)と。まさにきっぱりと単純商品説が否定され、資本主義社会に特有な資本形式における商品生産を前提するということが言われているのである。では、資本主義的商品は如何に形成されるのか。

「資本主義社会が商品経済を基礎にするといふことは、前にも述べたやうにこの基本的社会関係が労働力なる特殊の商品を通して商品形態を与へられることを意味する」。「それはまず第一に商品経済を全面的に社会化する」。「労働力の商品化がかかる生活資料の商品化を徹底的に実現するものであることはいふまでもない。それと同時に他の有らゆる生産物も亦商品化されざるを得なくなるのである」。それとともに商品生産は偶然性を失って必然的におこなわれるようになり「商品経済がその根本的条件として前提とする私有財産制と分業とは、此処においてその社会の根本的基礎を形成するのである」（同前、三二～三三頁）。

つまり「労働力の商品化を通して一社会の基本的社会関係が商品形態を採ることは、全社会を商品経済化せずには居ない」（同前、三四頁）ということなのだ。

では、こうした労働力の商品化は如何におこなわれるのか。それは無産（生産手段を所有しないという意味）労働者の形成である。この無産労働者が如何に形成されるのかがポイントだ。「直接土地と結合せられて居た農民が、土地から分離せられると共にかかる意味での無産労働者が形成せられてきたのであるが、それは又他方においては生産手段が資本家階級によって独占せられる過程に外ならなかった。資本主義社会は、いふまでもなく斯くの如き階級関係を基礎として確立せられた」（同前、三二頁）のだということだ。

これを資本の本源的蓄積というのである。

資本家的商品経済社会は『資本論』第一巻第二四章「いわゆる本源的蓄積」であきらかにされているとおり封建的共同体が、エンクロージャー（土地の囲い込み。国家により法律「共同地囲い込み法」などとして行われた）によって、人間（生産者）と自然的生産条件としての土地との関係行為が解体される過程、つまり生産者と生産諸条件の所有とが分離されるという、資本の本源的蓄積によって、土地（への封建的従属関係）と生産手段から「自由」な労働力という商品の所有者となった労働者が大量に産出されることを前提とし創世記として形作られた。労働力は資本によっては産出できない、この労働力の商品化によって流通過程が生産過程をとりこんで商品による商品の生産を実現する資本家的商品経済社会が形成されるのである。

そして資本主義社会における商品の機制の解明は、商品、貨幣、資本の形態規定においてはじめてあきらかにされるのであり、それは商品の価値関係が「資本の生産過程において始めて十分に理解し得るもの」（同前、四八頁）にほかならないということなのである。

●――エンゲルスの商品経済発展史観

だが例えば宇野と戦後（第二次大戦後）、「戦後価値論論争」をかわした遊部久蔵などは、『資本論』冒頭「商品」を「単純商品」だと主張した。「商品論の内容をなす命題や法則は」資本主義として「発達した商品生産に固有なものであるとはいえない。それらが簡単な命題や法則であるかぎりにおいて、歴史上の実在的な単純商品生産における諸関係をも表現しうるものである」。「その必然的な根拠は商品生産が資本主義生産の一般的基礎であるとともに歴史的前提でもある点にある」、それらは資本主義的商品であると同時に単純商品でもあると論じ、だから「価値形態論の論理は、資本主義的生産の歴史的前提をなす未発達な商品生産の分析によっても構成される」（『資本論講座』青木書店、一九六～一九七頁）。このような歴史＝論理説を展開したのである。

このような言説はマルクス―宇野の本源的蓄積（生産者と生産手段の所有の分離）を否定、ないしは忘却したエンゲルスによる商品経済史観が歴史的根拠をなすのである。つまり単純商品生産社会の想定とかかる商品生産の拡大↓生産手段の資本家への集積と個人的小生産者のプロレタリア化という構図の下に描き出されたものである。資本家階級と労働者階級の階級関係の形成を本源的蓄積からではなく、商品の集積と貧富の格差の形成から説明するということがポイントになる。

「商品生産がひろがるにつれて、ことに資本主義的生産様式が現れるとともに、それまで眠っていた商品生産の諸法則も、もっと力づよく作用するようになった。古いきずなはゆるめられ、古い閉鎖的な絆は突きやぶられ、生産者はますます独立の、ばらばらな商品生産者になっていった。社会的生産の無政府状態が明るみにでてきて、ますます極端になっていった」（エンゲルス『空想から科学へ』、マルクス・エンゲルス全集第一九巻、二一二～二一三頁）。というように、自己労働に基づく単純生産者の社会が想定され、そこから商品生産の拡大による資本家的商品経済が形成されたというエンゲルスの商品経済史観を根拠としたものである。そしてスターリンは『ソ同盟における社会主義の経済的諸問題』で、価値法則は商品経済の法則で資本主義に特有の法則ではないとしたのである。

●――価値法則の捉え方について

こうした宇野の商品論をふまえつつ〈価値法則〉の考え方を概観しておこう。宇野弘蔵の『経済原論』などに基づけば、次のようになる。価値法則とは社会全体の労働生産物の需要に応じた総労働力と生産手段の比例的配分が商品形態による価格の運動によって展開されることに対して、これを商品の生産に必要な社会的労働時間によって規制するものである。資本家的商品経済社会の「経済法則」として価値法則はある。

だがこの「価値法則」を資本主義の経済法則ではなく、商品経済の法則だといったのがスターリンだった。スターリンは『ソ同盟における社会主義の経済的諸問題』（国民文庫、大月書店）でつぎのように述べている。

「価値法則は資本主義の基本的経済法則ではないのか？　いや、そうではない。価値法則は、なによりもまず、商品生産の法則である。それは、資本主義の前にも存在していたし、また資本主義を打倒したのちにも……商品生産と同じように、存在しつづけている。……それは資本主義的利潤の基礎を規定しないばかりでなく、このような問題を提起することさえしない」。

「資本主義の基本的経済法則の概念になによりもよく適しているのは、剰余価値の法則、資本主義的利潤の発生と増大との法則である。……しかし、剰余価値の法則は、最高利潤率の問題にはふれない。……このばあい、独占資本主義は、どんな利潤でも要求しているというのではなくて、まさに最大限の利潤を要求しているのだということを、念頭におかなければならない。これこそ、現代資本主義の基本的経済法則であろう」(同前、四七～四八頁)。

だがスターリンは商品という概念を超歴史的に捉えている点で、先に見たエンゲルスなどの轍を踏んでいる。まさに歴史的な単純商品と、資本家的商品とを同一視した誤謬にほかならない。だがこの二つの「商品」はまったく別の機制をもつものなのだ。資本主義において商品とは生産物が商品として生産されるというだけでなく、商品の商品による生産という機制をもつ。これは労働力の商品化を根拠として社会的再生産過程が商品形態をとるということだ。このもとに資本家的商品経済社会は規制されているといえる。

もとよりスターリンの「最大限利潤の法則」説は完全に資本主義の価値法則を無視したものである。産業資本家は最大限の利潤を目的とするということまでは正しい。だがそれを目的に競争することで、むしろ利潤率は均等化するということが原則となるのだ。この利潤率均等化により総剰余価値が資本間に均等分配し価値法則を貫徹するのである。この場合、商業資本の役割に注目する必要がある。宇野の『経済原論』(「第三篇分配論第二章利子第二節商業資本と商業利潤」、岩波全書)においては、次のように解かれている。以下、要約する。

銀行資本は産業資本の遊休資本を資金として、それを社会的に利用することにより遊休資本を生産資本化する。そして産業資本の剰余価値生産を拡大することで利潤率を増加する。これに対し商業資本は産業資本が生産した商品を市場で販売しそれをより大きな価値の貨幣に換える、産業資本が生産した商品を買い取り、その商品販売の過程を担う。これにより産業資本は販売の過程を節約し、生産を継続することができる。産業資本は資本の遊休化を抑え、流通費用を節約すると同時に剰余価値の生産を拡大していくことができるのである。産業資本にとって生産期間と同様には扱い得なかった流通機関は、その商品売買の流動性から、利潤率の平均的な計上を困難にしていた。だが商業資本のかかる展開によって流通期間の短縮による費用削減はもちろんのこと、商品を大規模にまとめて販売することが可能になるので、平均的計算が可能になってくる。こうして社会的に商業資本はおおくの産業資本の販売部門を専門的に担当することをつうじて、資本間の流通期間を社会的に標準化するのである。この社会的標準化をつうじて利潤率の均等な配分がおこなわれる。

こうして相違する利潤率間の競争は生産物価値の生産価格（費用価格＋平均利潤）化によって一般的利潤率（客観的基準とされる）の形成へといたるのである。つまり最大限利潤への資本の運動は利潤率均等化ということをつうじて、むしろ価値交換をつうじ生産手段と労働力の比例的配分をなす価値法則を貫徹するということになるのである。

ではなぜスターリンは価値法則を資本主義の法則なるものから締め出してしまったのだろうか。それを『諸問題』ではソ連社会主義における価値法則の存在などという言説をもって説明している（同前、二六頁以降）。その理由だが、ソ連の官僚的計画経済国家の「物財バランス」方式での運営が矛盾を起こしてきたことに対する彌縫策として、商品交換―価値法則の利用ということが言われたのである。そのために価値法則を生産様式を超えた一般的「経済法則」として位置づけることが行われているということだ。

●―梅本・宇野対談が示す「位置価」と限界

以上のような内容分析と間接してこの対談の「位置価」についてのいいだももの分析を見ていこう。「労働力商品化」論の理論的拡張がそこにある。

いいだももは、この「両者対論の口火となった、身体的存在としての人間が近代資本主義社会においてその身体的能力を『労働力商品』として切り売りすることから生じる『無理』(宇野理論的にいえば『労働力商品化の無理』)をめぐっての討究は……『資本論』体系が伏在させている人間の自然との関係行為としての『労働』において、単なる『労働対象』『労働原料』としての外在的自然だけにはとどまりえない『人間的自然』すなわち『身体』の問題に、深く理論的に錨を下ろした位置価をもっていた」(前掲『二一世紀の〈いま・ここ〉』、一八七頁)という。それは「二百万種におよぶ多種な生命体分化のなかで四百万年ほど以前に誕生したとされる人間史――この超マクロな分化史(その超マクロ的進化がまたつねに超ミクロ的な量子・元素・遺伝子・細胞等の運動によって支えられている)」の関係構造の総体を照射する位置だといいだももは喝破したのであった(同前、一九〇頁)。エコロジカルな「身体」問題――人間生態系の領域へと拡張してゆく位置をもつものだったということだろう。

だがその対論自体は、実際には、次のような限界を含有するものであったといいだももは言う。「労働力商品化の『無理』からはじまったその思想上・理論上のマルクス主義堅持の見地は、人間の本来の共同体社会にとっては非本来的に外的な商品交換・商品流通の外在性、万有・万象を……すべて商品化してしまう資本制社会にとっても、工場生産のできない根源的な自然〈物質的存在〉・人間〈身体的存在〉の先在性・外在性といった自然主義的疎外論の立場に究極的に立っていたということができる。だからこそ両氏の共通感覚においては……『道理』が、復権・復活して『無理』を引っ込ませる鐘のなる刻は、いくたの紆余曲折はあろうとも期して待つべきものとされたのである。いうなれば、『経済学原理論』的にペシミズム、『疎外革命論』的にオプティミズムの論立てである」。この点が「思想方法上も理論方法上も納得しがたい難点を痛感してきた」〈同前、二三四頁〉ということだ。

●――疎外論的論理立てから物象化論的論理立てへ

いいだももとしては労働力商品化からの本然の自分の解放と奪還といったような思考、つまり「〈本来の私〉といったノスタルジックに架空な疎外論的ないし疎外革命論的次元においてではなくて、まさに『資本論』弁証法体系が〈恐慌論〉を核心として明確化しながら、物象化論的次元において再び樹ち立てられなければならない」〈前掲『社会科学と弁証法』巻末「解説」、三六八～三六九頁〉という問題意識から、疎外論とは分岐した物象化論の地平における資本主義批判の開示を希求していたと私は考えたいと思うが、どうだろうか。

第六章●――ロシア農耕共同体と世界資本主義

●――はじめに

農業における生産協同組合（広義）のいろいろな形態（社会的労働実態）は今日において、新自由主義グローバリゼーション（世界市場）と対峙する位置を形成しているし、また、今日以上にそれを形成してゆくことが可能である。それが資本からパージされた労働者の生活を保障するものとなるような自由さをもって、広がってゆき、資本家の経営する職場――新自由主義よりこちらの方が生きやすいし、生きがいがあるということになり、都市の労働者が農業耕作者（半農半Xであれ）になることが常態化してゆけば、都市の労働者が資本家の労働力商品として生きることを選択しないようになることが可能となる。

そうなれば逆に資本の労働政策もまた変わるだろう。ソ連「労働者国家」が存在したころの、対抗的・国民統合的な反共政策としてあった社会保障政策・雇用政策をやり方は以前とは違うだろうが、とらなければならないということになるのではないかということだ。そしてそうした労働現場における、資本に対する労働者の闘うヘゲモニーを確立して行くことが労働運動の、ひとつの課題になるだろう。職場生産点において多くの仕事と権限を労働者の自主管理で運営する展望も開拓できるだろう。

まさに新自由主義グローバリズムに対抗する〈根拠地〉としての都市と農村を自主的流通でつらぬく農業生産協同組合戦略は、このような展望において成立するのではないか。

他方で、そのことの可能性を今一番破壊しているものに福島第一原発の原発事故（現在進行形）がある。森林生態系――海洋・河川・土壌に放射性物質は降りそそいでいる。反原発の闘いと農業生産協同組合戦略は不可分の関係にある。原発・核開発は農産物という命の源を生産する農業を破壊するものだ。このような問題意識のもとに、その共同体問題の一つのルーツとなるような問題を考えてゆきたいと思う。

●――ラトゥーシュの問題意識

ラトゥーシュは『〈脱成長〉は世界を変えられるか？』（作品社、二〇一三年、原著二〇一〇年）で、次のように述べている。

「確かにマルクスは、一八八一年にヴェラ・ザスーリッチに宛てた有名な手紙の中で、帝政ロシアの伝統農村共同体（集団農村経営村）（ミール、オプシチーナ農耕共同体のこと——引用者）が資本主義的発展段階を経由せずに社会主義体制に直接以降することを描いた。社会主義革命のこの別のシナリオの可能性は……新たに、メキシコのサパティスタと先住民民族共同体に関して同様のシナリオが構想されている。しかし周知の通り、マルクスの没後から一〇年が経過した頃、エンゲルスがこうしたもう一つの社会主義革命の道に対して非常に懐疑的になった。マルクス思想のこれらの『残滓』は、マルクス没後二〇年たってレーニンによって理論と実践の双方で攻撃され、その後スターリンによって徹底的に除去された。第三世界の様々な『実在するマルクス主義』は、前資本主義的な共同体に対して全く寛容ではなかった。『社会主義的』近代化は、資本主義的近代化以上の暴力と執拗さを用いて過去を白紙にし、社会主義の実験の失敗に続いて起こった超自由主義的なグローバリゼーションの侵入を容易にしたのである。事実、（『ロマン主義的』あるいは『ユートピア的』という形容詞で根拠なく蔑まれた）初期社会主義の道と声の類稀な多様性は、史的・弁証法的・科学的唯物論の単一的思想の中で矮小化された」（一五一～一五二頁）。

これから本論でのべようとすることは、まさに、この問題である。後述するように、このラトゥーシュの論述の中で、後述するようなマルクスの農耕共同体とプロレタリア革命のユニットによる社会主義革命の「別のシナリオの可能性」（「別」というのは、生産力主義的な都市革命だけのプランとは別という意味だ）が「レーニンによって理論と実践の双方で攻撃され」た。その「理論」とは、「いわゆる市場問題について」、「ロシアにおける資本主義の発展」などで展開されている市場経済の発達による農耕共同体解消論であり、それらは、これから論述するように、カウツキー、エンゲルスなどからレーニンが継承した商品経済史観にもとづくものであった。さらに、この「実践」とは、ナロードニキ――エスエル、左翼エスエルや、ウクライナ・マフノなどとの党派闘争を土台としつつ、一九一八年以降の、ロシア内戦期において、ボリシェビキが展開した、「食糧独裁令」(穀物・農産物の強制徴発)などのことである。さらに、「スターリンによって徹底的に排除された」とは、「農業集団化」をしめすものである。これ以上の解説は、以降の本文にゆだねよう。

まず、ラトゥーシュが述べている、マルクスの社会主義革命のプラン＝「別のシナリオの可能性」という問題からはじめよう。

●――ロシア農耕共同体の運命について

一八八一年二月から三月にかけて、マルクスは、ロシアの革命家、ザスーリッチの依頼に対して四つの草稿をもつ一つの短い手紙を書いた。この手紙の文面に後期マルクスの世界認識をめぐっての重要な観点と一九世紀ロシア革命運動内の戦略論争を背景にしての彼の革命観が表出している。当時ロシア革命運動は一八七九年、ヴ・ナロード運動の全国的政治組織であった「土地と自由」が二分解し、上からの資本主義化を推進する国家から農耕共同体を守り、国家を暴力的に打倒し革命的独裁を樹立せんとする政治革命派＝「人民の意志」党と、農民闘争と同時に都市プロレタリアートの出現に対してこれの組織化を緊要とした「黒い再分割」派が成立していた。前者はツアーリ打倒の真剣な武装闘争をめざし、後者は亡命地において新たな革命の思想形成をめざしていた。

このような情況下で、ロシア革命の戦略的見通しにとって、ロシア社会の中で支配的なミール、オプシチーナといった農耕共同体の運命への分析が要請されていた。国内的に活発な論争が展開し、資本主義的歴史必然として、これが解体する運命にあるのか否か、また、これが資本主義を通過することなく、社会主義へ向かって、解放されていく可能性があるのか否かをめぐって議論が闘わされた。

一八八一年二月の、マルクスによせられた、ザスーリッチ（黒い再分割派に属する）の手紙は、まさに、この論争の中で、マルクスの『資本論』が、重要な分析の対象になっていることを示し、マルクスに、ロシア農耕共同体の見通しに対する分析を求めたものであった。

●――ザスーリッチのマルクス宛の手紙

ザスーリッチのマルクス宛の手紙は次のようであった。

「一八八一年二月一六日　ジュネーヴ、ローザンヌ街四九号　ポーランド印刷所

敬愛する市民よ！　あなたの『資本』がロシアで広汎な読者を得ていることは、あなたのよくご存知のことでしょう。出版されたものは没収されました。しかし、没収をまぬがれてわずかに残った版本が、わが国の多少とも教養ある人々の一団によって読まれています。そして繰りかえしよみ

かえされていくことでしょう。つまり、『資本』を研究している真摯な人々がいるのです。しかしあなたは、ロシアの農業問題やわが農村共同体（commune rurale）に関する私たちの論争のなかで、あなたの『資本』が、現に果たしている役割については、おそらくご存じないでしょう。

（中略）

この問題は、とりわけわが社会主義者党（parti socialiste）にとって生死にかかわる問題である、と私には考えられるのです。わが革命的社会主義者たちの、一人一人の運命は、まさに、この問題をめぐる次の二つの見解のうち、いずれをあなたが採るかにかかっております。

二つのうち一方とはすなわち、この農村共同体が、国庫の無際限の租税徴収や領主への支払いから、さらには恣意専制の行政から、ひとたび自由になれば、社会主義の道において己を発展させることができる。いいかえれば、集合主義（コレクティビスト）的基礎のうえに、生産物の生産とその分配とを徐々に組織することができる。この場合にあっては、革命的社会主義者は、この共同体の解放と発展とに向かって、その全勢力を捧げなければならないことになります。

このような見解とは逆に、もし共同体が死滅する運命にあるものであれば、社会主義者にとって次のことだけが残ることになります。すなわち、ロシア農民の土地が彼らの手からブルジョアジーの掌中にうつるには何十年かかるか、資本主義がロシアにおいて西ヨーロッパのそれに類似する発展を遂げていくには、おそらく何百年もかかるであろうが、果たしてどのくらい先のことか、ということを予測するための、あまり根拠のない計算に専念すること、これであります。この場合には、農民層のなかから不断に溢れ出ていく都市労働者のなかで専ら、宣伝活動をしなければならぬことになりましょう。農民が、共同体の解体のために、賃金を求めて、大都市の舗道に投げだされていくからであります。

農村共同体は、歴史が、そして科学的社会主義が、つまり、この争う余地のないものが、死滅すべきものと宣告している、一つの原古的形態である、と語られるのをわれわれは最近しばしば耳にします。このようなことをいい広めている人は、自分たちのことを、すぐれてあなたの弟子すなわち『マルクス主義者』だ、とみずから語っております。彼らの議論の最大の強みは『マルクスがそう言っている』という点にあることがしばしばあるのです。

『しかし、あなたがた（マルクス主義者）は、そのことをマルクスの『資本』から、どのようにして導き出すのか、マルクスは『資本』では、農業問題を取り扱っていないし、ロシアについても語っていないではないか』と、人は彼らに反論します。

（中略）

こういう次第で、――市民よ――この問題に関するあなたのご意見が、どれほどわれわれの切実な関心事となっているか、またわが農村共同体のさらされる運命に関する、そしてさらに世界中のすべての国々が資本家的生産の全局面を経過するという歴史的必然の理論に関する、あなたのご意見を、あなた御自身が開陳してくださることが、どれほどにまで大きな寄与を私どもにもたらすか、御了解いただけるでありましょう。

（中略）

もしも、この問題に関する多少とも詳細な御意見を開陳する時間が、いまのあなたにない場合には、せめて、手紙の形式でそうしていただければ、そして、その手紙を翻訳しロシアで公表することを私に対してお許しくだされば、幸いに存じます。市民よ、私の心からなるご挨拶を、お受けとりください。ヴェラ・ザスーリッチ」（平田清明『新しい歴史形成への模索』、新地書房、一九八二年、一九四～一九七頁）。

●――マルクスからザスーリッチへの手紙

以上のザスーリッチのマルクス宛の手紙に対する返書は、次のようであった。


「一八八一年三月八日　ロンドン、北西区　メートランド・パーク・ロード　四一番
（中略）

数ヶ月前に私はすでにこの同じ問題について論稿を書くことを、サンクト・ペテルブルグ委員会（「人民の意志」党のこと――引用者）に約束しました。しかし、私の学説といわれるものに関する誤解について、いっさいの疑念をあなたから一掃するには、数行で足りるだろうと思います。

資本家的生産の創生を分析するにあたって、私は次のようにいいました。

『かくして資本主義制度の根底には、生産者と生産手段の根底的分離が存在する。……（この「……」はマルクス自身の略――引用者）この発展全体の基礎は、耕作者の収奪である。これが根底

的に遂行されたのは、まだイギリスにおいてだけである。……（同前――引用者）だが西ヨーロッパの他のすべての国も、これと同一の運動を経過する』（『資本』フランス語版、三一五頁）。

このような次第で、この運動の『歴史的宿命』は、西ヨーロッパ諸国に明示的に限定されているのです。このように限定した理由は、第三二章の次の一節のなかに示されています。

『自分自身の労働にもとづく私的所有……（同前――引用者）は、やがて、他人の労働の搾取にもとづく、賃金制度にもとづく資本家的私的所有によって、取って替わられるであろう』（前掲書、三四一頁）。

こういう次第で、この西ヨーロッパの運動にあっては、私的所有の一つの形態から私的所有の他の一つの形態への転化が、問題なのであります。これに反して、ロシアの農民にあっては、彼らの共同所有を私的所有に転化させる、ということが問題なのでありましょう。

こういう次第で、『資本』に示された分析は、ロシアの農耕共同体の生命力を肯定するために人が利用しうる論拠をも、逆にそれを否定するために人が利用しうる論拠をも、提供していないのです。しかし私は、この問題について特殊研究を行い、その素材をオリジナルな資料に求めてきた結果、次のことを確信するに至りました。

すなわち、この共同体はロシアにおける社会再生の拠点である。しかし、そのようなものとして機能しうるためには、それはまず初めに、あらゆる側面からこの共同体に襲いかかっている有害な諸勢力を排除し、ついで、自然成長的な発展の正常な諸条件をこの共同体に確保することが必要であるでしょう。

親愛な市民よ、あなたの忠実な　カール・マルクス」(『新しい歴史形成への模索』、一九九～二〇一頁)。

●──マルクスのロシア農耕共同体に関する見解

マルクスの論点は次のように整理できる。

第一に『資本論』のフランス語版を引用し、資本主義の歴史的宿命が西ヨーロッパに限定されていて、ロシア共同体の分析の拠点とはならないのだという点だ。

第二に、ロシア共同体に対し有害な諸勢力を排除し、発展条件の正常な確保を許れば「ロシアにおける社会再生の拠点」となるという旨のものであった。

また後述するように、『共産党宣言』ロシア語第二版序文においても、マルクスはロシア革命がヨーロッパ・プロレタリア革命の合図となり、相補的に関係するなら、ロシアの土地共有制は、共産主義的発展の出発点となることができると書いている。

だがザスーリッチは一八九〇年代に入りロシア共同体ミール革命拠点論を撤回した。ザスーリッチは「黒い再分割」派そして、そこから発生したプレハーノフが指導する「労働解放団」に属していた。プレハーノフはミールを「アジア的専制」の土台にすぎないと考えていた。ザスーリッチ同様、ミール否定である。

後に見るようにエンゲルスもまたマルクス死後、ミール農耕共同体＝共産主義萌芽説を否定した。

マルクスの「ザスーリッチへの手紙」は、プレハーノフによって幽閉された。この手紙が発見されるのは、『マルクス・エンゲルス・アルヒーフ』の編集を手がけたリャザーノフ（のちトロツキー派としてスターリンにより粛清）によって、草稿が一九一一年に発見され、一九二三年「手紙」の所在が判明し公表された（この経緯について詳しくは前掲『新しい歴史形成への模索』参照のこと）ものである。

ミール拠点論の否定と、西欧的資本主義市場化による農村のプロレタリアートとブルジョアジーへの階級分裂という表明は、プレハーノフの系列によって継続され、ロシア社会民主党へ、ボリシェビキへと、そのナロードニキと対立する党派によって継承されていった。そしてこの流れにおいて、レーニンの「ロシアにおける資本主義の発展」などの見地が確立する。さらにロシア革命後のボリシェビキ官僚主義によるミール農耕共同体破壊へと展開してゆくのだ。

これに対しミール農耕共同体＝革命拠点論（左翼エスエル――左翼社会革命党においては、マルクス同様、プロレタリア革命との合流を条件とするミール共同体拠点論である）を、断固主張した「人民の意志」派と、これを継承した社会革命党―左翼エスエル（左翼社会革命党）へと展開する。

ここにボリシェビキと左翼エスエルの根本的な相違も存在するのである。

それはまたボリシェビキが、後にスターリンが整理することになる、封建制度―資本主義―社会主義という、単線的歴史発展段階説として「原始共同体―奴隷制―封建制―資本主義―社会主義」を主張し、歴史進歩主義的・近代化主義的にロシア農耕共同体の意義を否定した見解とは逆方向で、マルクスのロシア革命論が定立しているということを意味する。

そもそもこの共同体は封建共同体の概念には入らない、もっと古形の農耕共同体である。ロシア農耕共同体について、マルクスは「ザスーリッチへの手紙」への「草稿」中、「西洋でこれにあたるものは、きわめて最近の時代のゲルマン共同体である。それは、ジュリアスシーザーの時代にはまだ存在しておらず、ゲルマン諸種族がイタリアやゴートやスペイン等を征服しにやってきたときには、もはや存在していなかった」と規定している。

つまりこのことは次のことを意味している。このマルクスが言っている「ゲルマン共同体」とは、マルクスが「グルントリッセ」（経済学批判要綱）中の「フォルメン」（「資本主義的生産に先行する諸形態」）でつくった歴史の四類型「アジア的—ギリシア・ローマ的—ゲルマン的—ブルジョア的」の「ゲルマン的」とは別のものであると定義されるものだということだ。

プロレタリア革命との結合によって、共産主義的発展（再生）の出発点・拠点となるという考え方の内に、後期マルクスが、「歴史の単線的発展史観」を否定していることが、鮮明にうちだされているという立場を表明したものに他ならない。

●――共産党宣言ロシア語第二版序文

ロシアの農耕共同体の意義を高く評価したマルクスの全文を読もう。

ちなみに、この文書に署名したエンゲルスは一八九四年、ロシア共同体＝共産主義拠点論を撤回し、資本主義（商品経済の法則）が共同体を破壊するとしたのであった（「ロシアの社会状態」再版、あとがき）。そこでは次のように論じられている。

「ところでしかし、わすれてはならないことは、ここで（共産党宣言ロシア語第二版序文のこと——引用者）述べたロシアの共同所有のひどい崩壊が、それ以後、いちじるしく進んだことである。……ロシアの共同体の崩壊が一定の水準に達した以上は、世界のいかなる権力といえども、これを復活することはできるものではない」。エンゲルスはその根拠を「貨幣経済の侵入」としている（マルクス・エンゲルス全集第二二巻、原書ページ、四二九〜四三〇頁）。

後に見るようにレーニンもそのエンゲルスにしたがって「ロシアにおける資本主義の発展」などでロシア農耕共同体の解体を予測し農耕共同体を拠点とするナロードニキを批判した。だが、これからみるようにその「解体」は世界資本主義の特殊な構造によって全面的にはおこらないばかりか、オプシチーナ、ミールといった農耕共同体には、ロシアの農民の八割以上が帰属し、対地主闘争を元気に展開していった。そして一九一八年ロシア農民革命の一大拠点となっていったのである。

ではいつまで存続したのか？　ロシア革命後までである。スターリンがこの共同体を国家暴力によって、国営農場に転換させるまでだ。客観主義的な近代主義者たちの妄想はミールが商品経済の法則によって解体するということを語るだけだった。しかし、ミールはこれからみるように世界資本主義の構造によって存続しただけでなく、一つの革命拠点という共同意志によって自身を保持したのである。そこには新自由主義グローバリゼーションに対する一つの闘いのタイプを発見することもできるのではないか。

「共産党宣言　ロシア語第二版序文」（全文）（マルクス・エンゲルス全集第一九巻から。原書頁二九五頁以降）は、次のように述べている。

「『共産党宣言』のロシア語初版は、バクーニンの翻訳で、一八六〇年代のはじめに『コロコル』発行所から出版された。当時の西欧の人々には、この本（『宣言』のロシア語版）は、文献上の珍品としか考えられなかった。今では、そういう見方をすることは不可能であろう。

その当時に（一八四七年一二月）プロレタリア運動がまだどんなに限られた地域にしか及んでいなかったかは、『宣言』の最後の章、さまざまな国のさまざまな反政府諸党にたいする共産主義者の立場という章が、このうえなくはっきりと示している。つまり、そこには、ほかならぬ――ロシアと合衆国が欠けている。それは、ロシアがヨーロッパの全反動の最後の大きな予備軍となっていた時代であり、また合衆国がヨーロッパのプロレタリアートの過剰な力を移民によって吸収していた時代であった。どちらの国も、ヨーロッパに対する原料の供給者であると同時に、ヨーロッパの工業製品の販売市場になっていた。だから、その当時には、どちらの国もなんらかの仕方でヨーロッパの既成秩序の支柱であった。

それがいまではなんという変わりようだろう！　まさにこのヨーロッパからの移民の力が北アメリカに、大規模な農業生産を発展させる可能性をあたえた。そして、いまこの農業生産の競争が、ヨーロッパの土地所有を――大小の別なく――根底からゆりうごかしている。そのうえ、この移民のおかげで合衆国は、非常な勢力と規模でその膨大な工業資源を利用することができたので、西ヨーロッパ、とりわけイギリスの従来の工業上の独占は、まもなく打破されるにちがいない。

この二つの事情は、ともにアメリカそのものに革命的な反作用を及ぼしている。全政治制度の土台である農業者の中小の土地所有は、しだいに巨大農場の競争に敗れている。それと同時に、工業地帯では、大量のプロレタリアートとおとぎ話のような資本の集積とが、はじめて発展しつつある。それでは、ロシアはどうか！　一八四八年―一八四九年の革命のときには、ヨーロッパの君主たちだけでなく、ヨーロッパのブルジョアもまた、ようやくめざめかけていたプロレタリアートから自分たちを守ってくれる唯一の救いは、ロシアの干渉であると見ていた。ツァーリはヨーロッパの反動派の首領であると、宣言された。

今日では、彼はガッチナ*で革命の捕虜になっており、ロシアはヨーロッパの革命的行動の前衛となっている。

『共産党宣言』の課題は、近代のブルジョア的所有の解体が不可避的にせまっていることを宣言することであった。ところが、ロシアでは、資本主義の思惑が急速に開花し、ブルジョア的土地所有がようやく発展しかけているその半面で、土地の大半が農民の共有になっていることが見られる。そこで、次のような問題が生まれる。ロシアの農民共同体（オプシチーナ）は、ひどくくずれてはいても、太古の土地共有制の一形態であるが、これから直接に、共産主義的な共同所有という、より高度の形態に移行できるであろうか？　それとも反対に、農民共同体は、そのまえに、西欧の歴史的発展でおこなわれたのと同じ解体過程をたどらなければならないのであろうか？　この問題にたいして今日あたえることのできるただ一つの答えは、次のとおりである。もし、ロシア革命が西欧のプロレタリア革命にたいする合図となって、両者が互いに補いあうなら、現在のロシアの土地共有制は共産主義的発展の出発点となることができる。

ロンドン、一八八二年一月二一日、カール・マルクス、F・エンゲルス」。

そして、こういうマルクスの思潮とフレンドなものとして、まさにナロードニキの次のような共同体論が展開されていたということなのである。

＊一八八一年三月、人民の意志党はアレクサンドル二世を完全打倒（＝暗殺）した。これをうけて、アレクサンドル三世はサンクト・ペテルブルグ（レニングラード）付近にある城・ガッチナに、「人民の意志党」のテロルを避けるため軍隊などの警護をうけて、篭ることになっていた。

●――ゲルツェンの農民共同体論

これから見るようにレーニンの商品市場拡大＝ミール農耕共同体解体論の予測にもかかわらず、そして一九一七年以降のロシア農民革命により、「一九二五年で農民の九〇％以上が農民共同体に属していた」（アレック・ノーヴ『ソ連経済史』、岩波書店、一九八二年、一一九頁）という、この現実において、レーニンが言うような〈共同体革命論はロマンチズム〉でもなんでもなく、現実の実践的な運動として、レーニンたちに対しては外在化した、歴史的・社会的ヘゲモニーとして存在していたのである。

「共同体所有と個的占有」を所有形態とした農耕共同体は、生産手段のブルジョア的私的所有と非和解的に対立し、社会主義的共同占有とフレンドなものに他ならない。

結局この共同体を打ち砕いたのは、ボリシェビキ官僚主義の農業集団化であり、官僚制国家所有にもとづく近代工業化国家路線にほかならなかった。

以下の共同体革命論は、こうした歴史の流れをふまえつつ読まれるべきものである。

ナロードニキのイデオローグ、ゲルツェンに登場願おう。

ゲルツェンが一八五一年に書いた「ロシアにおける革命思想の発達について」（岩波文庫、二〇〇二年）は次のように述べている。

「ロシアの農村共同体はいつのころともわからない遠い昔から存在している。……農村共同体はいわば社会的なひとつの単位であり、法人である。国家はけっしてその内部に立ち入ることはできなかった。共同体は所有者であり、納税の義務を持つ。それはすべてのものに対してまたおのおのの個人に対して責任をもつ。それゆえに内部のことに関するすべてにおいて自治的である。

共同体の経済的原則はマルサスの有名な格言にたいする完全なるアンチテーゼである。共同体は例外なくすべての者におのが食卓の席を提供する。土地は共同体に属するのであって、その個々の成員に属するのではない。これらの成員はおなじ共同体の他のおのおのの成員の所有している土地と同じ面積の土地を所有する不可侵の権利をもっている。この土地は彼が死ぬまでその所有にゆだねられる。彼はこれを遺産として残すことはできない。またその必要もない。彼のむすこは成年に達するやいなや父親が生きている場合でも、共同体から土地の分け前を要求する権利をもつ。……一方その成員が死んだ場合は土地は共同体に返還される。

非常にとしをとった成員が自分の土地を渡し、それによって免罪の権利を得る場合もしばしばある。共同体を一時はなれる農民も土地に対する権利を失うことはない。共同体（または政府）によって追放の宣言をうけた者のみが土地をとりあげられる。しかし共同体がかかる決定をするには全員の同意を必要とする。しかもこのような手段に訴えるのは特別の場合に限られる。最後に農民は自己の要求によって共同体との結びつきから解放される場合にも土地に対する権利を失う。その場合には農民は動産のみを持ち去ることを許される。それには自己の家屋の処分または移転を許されることもある。かくて農村プロレタリアートの発生は不可能である。

共同体のなかで土地を所有するおのおのの者、すなわち成年に達し納税の義務あるおのおのの者は、共同体内の問題に関する発言権をもっている。村の長老とその補助役たちは一般の集会で選ばれる。種種の共同体の間での問題の審査、土地の分配や租税の割当もおなじようにして行なわれる。（なぜなら本質において支払うものは個人ではなくて、土地だからである。政府は頭数だけを数えているが、共同体は実際に働く労働者、すなわち土地を利用している労働者を単位と見なしている）」。

「地主は農民の土地を切り取り、最も良い土地を自分に取り上げることができる。……しかし農民に充分な土地を拒むことはできない。土地は共同体に属することによって完全に共同体の管理のもとに、すなわち自由な土地が管理されている場合とおなじ原則のもとに置かれている。地主はけっして共同体の管理に干渉することはない。

土地を区分して個人所有に移すヨーロッパ式システムを採用しようとした地主もいた。これらの試みは大部分バルティク諸県の貴族によっておこなわれたものであるが、すべて失敗し、たいていは地主の殺害か地主屋敷の焼き討ちをもって終わった。これはロシヤの百姓が自己の抗議を表明するときに用いる国民的な手段である」（付属章「ロシアにおける農村共同体について」）。

こうした農耕共同体を起点としてのゲルツェンの主張は、このようなミールの土地共有と土地の定期的割り替えの仕組みを共同体に対する外からの抑圧としての封建的束縛から解放する、この共同体に生活する農民を抑圧している国家から解放することをめざしてゆくのである。つまり、移住の権利、農民の個人的自由は、一七世紀初期の法律により制限されていた。まさに「窒息せしめられたものは共同体ではなく農民であった、われわれは一七世紀のはじめにおけるツアーリ・ゴドノフの法律を知っている。これはひとりの地主の土地から他の地方の土地に移動する農民の権利を規定し、制限したものである。これが農奴制への第一歩であった」（ゲルツェン、前掲五一頁）。

このような農民に対する国家の抑圧と闘うナロードニキのミール農耕共同体の課題は、現にそこにあるロシア共同体の価値化というにとどまるものではなく、この共同体の作り出している平等なシステムを、革命によって、より活かしてゆくことをポイントにしている。つまり、「共同体がどのような運命か」という、これから見るようなレーニンの問いかけ自身が、客観主義なのである。ナロードニキは資本主義化で、農民層の労働者階級への階級分化（資本の本源的蓄積）を経ることなくロシアは社会主義に移行できると考えたが、そのポイントは何がしかの宿命論・決定論ではなく、共同体をポジティブな、さらに自己変革してゆく可能性を持った平等的共同体としてとらえる観点、農耕共同体ミール、オプシチーナ、生産協同組合アルテリといったロシア共同体を、ひとつの〈新生事物〉として〈再生〉してゆくということが、ナロードニキやマルクスのポイントになっているのである。

そしてゲルツェンは前掲書で次のように述べている。

まさにこのような共同体社会を実現するのは、この共同体の革命的発展を妨害してきた専制国家を打倒する革命を不可避とするのだと。

「ロシアの国民は共同体の生活の中にのみ生活してきた。彼らは共同体との関係においてのみ自己の権利と義務とを理解していた。共同体以外のところには彼らは義務を認めず、ただ暴力のみを見る。かれらがそれに服従するのはただ力に服従しているだけである。……ロシアにおいては目に見える状態の背後に、既存秩序の進化であり変形にほかならないような、不可能な理想というものは存在しない。たえず実現を約束しながら、けっして実現することのないような、不可能な理想というものは存在しない。最高権力がわれわれのまわりにはりめぐらしているところの柵のうしろには何ものも存在していない。ロシアにおける革命の可能性は帰するところ物質的な力についての問題である」(同前、一八二頁)と。

こうしたナロードニキの共同体論に対して、かかる農耕共同体の解消論を展開したのがレーニンだった。

●――レーニンのロシア農村共同体解消論――その「商品経済史観」的限界

この節のサブタイトルに書いた「商品経済史観」を前提としておさえておこう。商品経済史観とは宇野経済学などで、社会的労働実態としての「資本の本源的蓄積」(典型的な例としてよくあげられることで言えばイギリスのエンクロージャーのような、生産者と生産手段の所有の暴力的分離・収奪の過程)を忘却し、資本主義の形成を単なる商品集積や分業形態の変化に置き換えただけの商品経済拡大史観のことをいう。批判対象となる方法論の呼び名の一つだ。この概念が本論の以降のひとつのキー概念をなすものに他ならない。

宇野弘蔵は次のように述べている。

「古代、中世等々の諸社会における商品経済の発達は、これらの諸社会の歴史的過程をそのままに包含しうるものではない。この商品経済の発達に伴う商品、貨幣、資本の形態的発展を直ちに歴史的過程となすことは、他のところでものべたように(……)、唯物史観を商品経済史観に歪曲し、矮小化するものにほかならない。そればかりではない。商品、貨幣、資本の流通形態の転回自身をも純形態的に行ないえないようにする。いわゆる単純商品社会論はその点を端的に示している。労働価値説がこの商品形態論で行われることの難点もそこにある。例えば、商品論で直ちに行われる労働価値説は、社会的労働といっても、労働力の商品化を基礎とする資本の生産過程を前提しえないために論証不十分なものとならざるをえない。実際またそういう形態規定は、奴隷労働と資本主義的な賃金労働の社会的平均労働をさえ想定しなければならないことにもなるであろう。資本の移動、労働の移動を想定することのできない商品交換関係で想定される社会的労働が、実質的な規定をもちえないのは当然といってもよいであろう。それは労働価値説を真に展開するものではない——と私は考えている。ところがこの商品論で、いわゆる単純商品社会を想定することが、実は旧社会関係の商品経済による全面的支配の過程をも、単なる商品経済自身の発展過程に解消し、歪曲することになるのである。『資本論』が資本の原始的蓄積の過程を商品・貨幣・資本の体系的展開から離れて解明しているのも、それが単なる商品経済自身の内部的な発展となしえないからである」（宇野弘蔵『社会科学の根本問題』「V　経済学と唯物史観」、青木書店、一九六六年、一一七〜一一八頁）。

つまりこれらのことは、〈商品経済自身の発展過程〉なるものの自己運動でその国の産業構造が決まってゆくのではなく、そこには社会的労働実態を基礎とした産業が、どのようなあり方を国際的にも要請されているか、あるいは、国際的な役割連関の中での位置を持つものとなっているかということの中で決まってゆくのだということを、意味している。

そこでこの商品経済史観だが、エンゲルスは次のように述べている。

「中世に発展していたような商品生産のもとでは、労働の生産物は誰であるべきかという問題は全然起こりようがなかった。通例、個人的生産者は自分のものである原料、しばしば自分で生産した原料で、自分の労働手段を使って、自分またはその家族の手労働でそれを生産した。彼はその生産物をあらためてわがものにするまでもなかった。それはまったくおのずから彼のものであった。

こうして生産物の所有は自己労働にもとづいていたのである。……そこへ大きな仕事場や手工制工場への生産手段の集積が、それらの事実上の社会的生産手段への転化がやってきた。しかし、この社会的生産手段と生産物は、それまで通り個々人の生産手段と生産物であるかのように取り扱われた。これまで労働手段の所有者が生産物を取得したのは、その生産物が通例彼自身の生産物であって、他人の補助労働は例外だったからであるが、いまでは、労働手段の所有者は、生産物がもはや彼の生産物ではなく、もっぱら他人の労働の生産物であったにもかかわらず、それを取得し続けた。こうして、生産物は、いまでは社会的に生産されるようになったのに、それを取得するのは、生産手段を実際に動かし、生産物を実際につくりだした人々ではなく、資本家であった。……一方の、資本家の手に集積された生産手段と、他方の、自分の労働力以外にはなにもなくなった生産者との分離が完了していた」(『空想から科学への社会主義の発展』、マルクス・エンゲルス全集第一九巻、原書頁二一二頁)。

つまりここでは単純商品生産者の社会から商品(—生産手段)が資本家に集積され、そのことで階級分解が拡大してゆく様相が論述されているわけである。そして「商品生産が広がるにつれて、ことに資本主義的生産様式が現れるとともに、それまで眠っていた商品生産の諸法則も、もっと公然ともっと力強く作用するようになった」(同前、原著頁二一六頁)としている。

これが、商品経済史観といわれているものだ。〈単純商品生産者の社会→資本家となる大所有者への商品集積→貧富格差→個人的小生産者のプロレタリア化→階級分裂→資本・賃労働関係の形成〉というもので、資本の原始的蓄積(生産者と労働実現条件・生産手段の所有の暴力的・強力的分離、生産者からの生産手段の収奪の過程による階級関係の形成）を忘却、ないしは後景化し、ただ商品経済の拡大と集積を命題とするものである。

これに対して「原始的蓄積」とは次のようなことを言う。

例えばマルクスはさきの「ザスーリッチへの手紙」でも書いていた、エンクロージャー（土地囲い込み）などの原始的蓄積をおこなったイギリスの例を念頭にこうのべている。「資本関係を創造する過程は……一方では社会の生活手段と生産手段を資本に転化させ他方では直接生産者を賃金労働者に転化させる過程以外のなにものでもありえないいわゆる本源的蓄積は生産者と生産手段との歴史的分離過程にほかならない」。「この新たに解放された人々はかれらからすべての生産手段が奪い取られ、古い封建的な諸制度によって与えられていた彼らの生存の保証がことごとく奪い取られてしまってから、はじめて自分自身の売り手になる。そしてこのような彼らの収奪の歴史は、血に染まり火と燃える文字で人類の年代記に書きこまれている」。「人間の大群が突然暴力的にその生活維持手段から引き離されて無保護なプロレタリアとして労働市場に投げ出される瞬間である。農村の生産者すなわち農民からの土地収奪は、この全過程の基礎をなしている」（『資本論』第一巻二四章、岡崎次郎訳、国民文庫、第三分冊、三六〇〜三六二頁）ということである。

●——商品経済史観にもとづく「農民層の両極分解」論

以下に見るレーニンの「いわゆる市場問題について」（一八九三年執筆）の分析視角は、ロシア共同体解消説といってよいものだ。これから見ていくように完全な商品経済史観による論法である。そして後に見るように、そのことは社会的労働実態に関わる分析を後景化させるものとなっているのだ。この観点は「ロシアにおける資本主義の発展」（一八九六〜一八九九年執筆）においても貫かれており、レーニンにおいては規定性を持った分析視角の一つだ。それは端的に言ってレーニンの立場であるロシア・マルクス主義（広義）のナロードニキに対する党派闘争としての意味を持っているのである。

例えばレーニンのいうところでは、「ただナロードニキ主義の経済学者だけが、農民一般をなにか反資本主義的なものと解釈して、『農民』大衆がすでに資本主義的生産の全体系の中でまったく確定した地位を、すなわち農業および工業の賃金労働者という地位をしめていることを、無視しているのである」（「ロシアにおける資本主義の発展」、レーニン全集第三巻、一四七頁）というのがそれだ。だが、そういう分析こそ歴史の現実に裏切られたのである。が、ここで一つ確認しておくべきことは、ナロードニキは農村共同体の「共同体の共同所有と耕作者個人の占有（私有ではない）」、つまり、私有の否定と共同体的所有が、社会主義の出発点になると考えていたのであって、農民の即自存在をそれとして「反資本主義」的としていたわけではないということである。

前置きはこれくらいでいいだろう。レーニンの「いわゆる市場問題について」に入ってゆこう。レーニンはのべている。

「資本主義とは、もはや人間労働の生産物だけでなく、人間の労働力そのものも商品になるという、商品生産の一発展段階のことである。したがって、資本主義の歴史的発展においては、二つの契機が、すなわち、（一）直接生産者の現物経済の商品生産への転化、（二）商品経済の資本主義経済への転化が重要である。第一の転化は、社会的分業――孤立した《これが商品経済の必須条件であることに、注意せよ》、個々の生産者がただ一つの産業部門の仕事に専門化すること――があらわれることによって、おこなわれる。第二の転化は、個々の生産者がおのおの単独で市場目あてに商品を生産し、競争の関係に入ることによって、おこなわれる。各生産者は、より高く売り、より安く買おうとつとめる。その必然的結果は、強者の強大化と弱者の没落、少数者の富裕化と大衆の零落であり、これが、独立生産者の賃金労働者への転化と、多数の小経営の少数の大経営への転化とを、もたらすものである」（レーニン全集第一巻原書七七頁以降、以下の引用頁はすべて原書頁）。

これがおおきな見取り図である。

この場合レーニンが言う、階級分裂へといたる「個々の生産者」とは、エンゲルスなどで「個人的生産者の社会」＝単純商品生産者社会なるものを措定し、そこからの商品集積や社会的分業の成功度などでの貧富格差の発生から階級分裂を説く、先述したようなエンゲルス「空想から科学へ」（マルクス・エンゲルス全集第一九巻）第三節の第三、四、五、六、八などのパラグラフに論述されているところの商品経済史観に依拠したものにほかならない。

そしてそれは、マルクスが『資本論』第一巻第二四章で明らかにした資本の本源的蓄積（農民・直接生産者に対する生産手段の所有からの暴力的分離による無産の労働者の形成の過程）を後景化ないしは忘却せんとするものに他ならないのである。

では、もう少しこまかくみていこう。レーニンは述べている。

「『市場』の概念は、社会的分業──マルクスが言っている『あらゆる商品生産《したがってまた資本主義的生産──と、私から付け加えよう》の一般的基礎』──の概念と、まったく不可分のものである、ということである。社会的分業と商品生産があらわれるところに、また、あらわれるかぎりで、『市場』があらわれる。そして市場の大きさは、社会的分業の専門化の程度と、不可分にむすびついている」（同前、八三～八四頁）。

「『人民大衆の貧困化』（市場に関するあらゆるナロードニキ的な議論にかならずつきもの）は、資本主義の発展をさまたげないばかりでなく、かえってその発展をあらわすのであり、資本主義の条件であり、また資本主義を強化するものであるということである。資本主義にとっては『自由な労働者』が必要である。そして、貧困化とは小生産者が賃金労働者に転化することである。大衆のこの貧困化は、少数の搾取者たちの富裕化をともない、小経営の没落と衰退とは、より大きな経営の強化と発展をともなう。この二つの過程は市場の発展を助成する。以前には自分の経営で生活していた『貧しくなった』農民は、いまでは『賃仕事』によって、すなわち自分の労働力の販売によって生活する。……他方ではこの農民は生産手段から解放され、それらの生産手段は少数のものの手に集積されて、資本に転化される。そして、生産された生産物は市場にはいる。農民改革以後の時期におけるわが農民の大量的な収奪が、国の総生産能力の減少ではなく、その増大と、国内市場の増大とをともなったという現象は、ひとえにこのためである」（同前、八七頁）。

「商品経済から資本主義経済への移行、商品生産者の資本家とプロレタリアートへの分解である。

そこで、われわれがロシアの近代社会の経済の諸現象に目をむけると、わが小生産者たちの分解こそが主要な地位を占めていることを見るであろう。耕作農民をとりあげてみよう、――そうすれば、一方では、農民が群れをなして土地を放棄し、経済的独立性を失って、プロレタリアになりかかわりつつあり、他方では、農民がたえず耕作地を拡張し、改良された耕作に移行している、と言うことがわかる」（同前、九二頁）。

レーニンは、このように書いているのであるが。そして、こう結論付けているのであるが。「これらの事実を説明する唯一のものは、わが『共同体的』農民をもブルジョアジーとプロレタリアートに分解させつつある。商品経済の諸法則のうちにあるのである」（同前、九三頁）。

まさにレーニンの分析方法は、概念化した「市場」なるものの現実への形態論的アテハメであり、「商品経済の諸法則」という〈「法則」の自己運動〉論にほかならない。

だがこうした「市場」の理論からする、レーニンの「ロシア農民の両極分解」の見通しは、例えば宇野経済学派の渡辺寛が論じているように完全に裏切られる結果となったのである。

まさに「だが事実は、こうしたレーニンの予想を裏切ることになった。一九〇五年にはじまる、中央黒土地帯を中心とする農民の共同体的結合による、地主所有地の全面的没収の運動がそれであった。この第一次ロシア革命の農業的構成部分は、レーニンの予想のように農民は両極に分解したのではなく、まだそのうちに、地主にたいする土地要求については、統一的集合力を有する一階級として存在していることを、現実に示したのである」（渡辺寛『レーニンとスターリン』東京大学出版会、一九七六年）ということなのである

●――ロシア農民の階級的両極分解はなぜおきなかったのか

こうしたレーニンの「市場」の理論は、とりわけ、後進ロシアにおいて、それを分析しえない限界をもった理論装置としてそもそも、その弱点を指摘しなければならない。その問題が先述したような、資本主義の形成条件に、マルクスが『資本論』第一巻二四章で定義した「資本の本源的・原始的蓄積」(生産者と生産手段の所有の分離)論の忘却であり、それは資本主義の形成はただ、共同体の社会的分業の拡大が商品経済を拡大させると同時に、かかる「単純商品生産者の社会」のなかで、強者には商品集積を弱者にはプロレタリア化を展開してゆくという商品経済拡大史観にほかならないのである。これでは、後進ロシアの資本主義化は分析できなかったといってよい。どうしてか。

渡辺寛は、その農民層の階級的分解がなされない問題を、世界資本主義におけるロシア的特殊性に規定されたところの工業化の狭隘性にもとづく、資本の「原始的蓄積」の限界と、そのことにもとづく、農民のプロレタリア化の圧倒的なまでの不可能性という展開にもとめたのであった。

ここではロシア農耕共同体が存続した客観的諸条件について見てゆこう。この客観的条件に、農民の対地主反乱という主体的な条件が重複することにより、ロシア農耕共同体は解体する運命を免れていたのである。

渡辺は『レーニンとスターリン』では次のように述べている。

「ロシアの資本主義化は、イギリスにおける産業資本の展開を基軸としてヨーロッパ資本主義が世界市場を形成した自由主義段階で、イギリスをはじめとするヨーロッパ諸国の穀倉として、世界市場にリンクされつつ、工業的・金融的には、イギリス、ドイツ、ベルギー、スウェーデン、フランスなどに大きく依存して、外国資本の関与のもとに、かなり高度の、しかも矮小な規模の工業生産を中心としておこなわれた。そのためにドイツなどとは質的にことなった農業問題をかかえざるをえなかったのである。

都市における工業の一面的発展、つまり全体としては矮小な規模で、しかも個々的には高度の資本の集中をみた工業の発展、少数の極度に集中したプロレタリアート——これに対応した、農村における過剰人口の堆積、共同体的土地用益の土地私有への転化の停滞、これらを根拠とした地主所有地における高率の労働、現物、貨幣小作料の成立。こうした事態は、世紀末の新大陸諸国の世界穀物市場への登場による、ヨーロッパ穀物市場でのロシアの地位の衰退を、農民にたいする苛斂誅求によってカヴァーしようとする大土地所有者の貨幣的欲望を通して、人災の凶作・飢饉を結果することになった。それは、ロシア革命の農業的基礎を形成することになったのである。

(中略)だが、こうした視点を方法的にも捨象せざるをえなかったレーニンは、『資本主義的な賃労働の発展は、雇役制度を根底からくつがえしつつある』と述べ、ロシアの農業問題も、全面的資本主義化とともに解消しつつあるものと想定したのである。

だが事実は、こうしたレーニンの予想を裏切ることになった。一九〇五年にはじまる、中央黒土地帯を中心とする農民の共同体的結合による、地主所有地の全面的没収の運動がそれであった。この第一次ロシア革命の農業的構成部分は、レーニンの予想のように農民は両極に分解したのではなく、まだそのうちに、地主にたいする土地要求については、統一的集合力を有する一階級として存在していることを、現実に示したのである」（同前、三三〜三九頁）。

渡辺寛は、『レーニンの農業理論』（一九六三年、御茶の水書房）で、それを次のようにのべているのである。

「資本主義である限り、いずれの国もこの過程を経過しなければならなかった」ところの「先進資本主義国イギリスの原始的蓄積の過程に対して、後進資本主義諸国の原始的蓄積の過程は、直接的生産者たる農民と土地との原生的結合と経済外的強制による彼らの土地への緊縛との解除による労働力商品化の機構確立の前提条件の創出という課題を実現しつつも、非常に異なった様相を呈することになる。これらの諸国は、世界市場がイギリスを世界の工場として編成されていたために、この世界市場の要求からして、多分に原料国的、農業国的色彩のもとに、資本主義を確立しなければならなかった。しかもイギリスで発展した資本主義的生産方法を輸入して自国を資本主義化したのである。比較的高度の有機的構成（相対的過剰人口が増大する――引用者）による、しかも矮小な規模での資本の蓄積は、工業が農業に対して要求する労働力を比較的小規模にする傾向を生ぜしめ、旧来の農村の諸関係を徹底的に排除することなく、工業の必要とする労働力の商品化を実現しうることにもなるのであった」。

ここがポイントだ。

「したがって、後進資本主義国では、イギリスのように農業と土地所有とを徹底的には変革することなく、原始的蓄積がおこなわれる。従来の小農的生産方法が広汎に存続することにもなるのである。（中略）後進資本主義国の原始的蓄積の特殊性は、農民層の広汎な存在を許すことになる。しかもその後における資本主義の発展は、ひとたび創出された賃金労働者階級とその子弟とを基礎として、相対的過剰人口を形成することによって、労働力商品化の機構をそれ自身でつくりだしてゆく傾向がある。したがって、工業ないし商業が農業から吸収する労働力の規模は、農民をしてその経営を放棄させるに足りるほどのものとはなりにくい。かえって、吸収度が弱化し、農村に過剰人口を停滞させることにもなる」。

つまり、資本主義近代化の進行にあっても、都市の相対的過剰人口（資本の価値増殖運動に対し過剰な労働人口）の形成は、農村部における労働力の過剰な停滞をつくりだすことが一般的な傾向となるのである。

「農業の再生産過程を根底から商品化しなくとも、すなわち労働力を商品化しなくとも、その生産物を商品化することによって、また工業製品を生活資料、生産手段として販売することによって、資本主義は農業を商品経済化し、自己の体制に包摂する。こうして、一社会として存立しうるのである」。

こうした原始的蓄積の分析は、レーニンの農業の資本主義化の分析からは、はずされていると渡辺は論じている。

「レーニンの市場理論は、工業が最初に資本主義化し、農業は最後に資本主義化するという想定に立っている。だが、かれはこれを時間的な前後関係としてしかみていなかったようである。工業の資本主義化につづいて、農業も自生的に、漸次的に資本主義化してゆくものと想定されたのである。現物経済から商品経済の移行において、商品経済化の契機を内部に求めた結果、商品経済の底力ともいうべきものを過度に評価する傾向が出てきたのであるが、いま、商品経済から資本主義経済への移行を究明するさいに農業内部に資本主義化の推進力（社会的分業のこと——引用者）を求める結果、資本主義の歴史的画期としての原始的蓄積の問題が、考察からはずされてしまった。商品経済の発生と発展とが内生的なものと想定され、したがってまたその推進力を過度に評価する点では、方法的に（レーニンは——引用者）一貫している」（一〇九～一一一頁）ということなのである。

レーニンはこのような陥穽のもとで、「商品経済の諸法則」（レーニン）が必然的にミール農耕共同体を解体するという仮説をたてたのであり、それは、以上のような後進ロシアの事情によって、予測倒れとなる以外なかったのである。

それにしても、まだ疑問は残るだろう。レーニンがこういう論法をどうして用いることになったのかということである。

●——レーニンの論法について——カウツキー農業理論「農民層の両極分解」論（資本主義発展一元史観）とその破産

渡辺寛は『レーニンとスターリン』の第三章「農業理論」（初出、一九六五年「ロシア革命とレーニンの農業理論」、『思想』一九六五年一一月号）で次のように論じている。

「当時の『マルクス理論』は、『資本論』をもってただちに資本主義の生成・発展・消滅の過程をも明らかにしているものと解釈し、この過程のうちに産業資本による全面的資本主義化、つまり地主・ブルジョアジーとプロレタリアートへの完全な階級分解が、いずれの国において緩急はあれ、実現するものと想定したのであった。

社会の純粋資本主義化がいずれの国においてもやがては実現されるという想定は、現実の世界史的な資本主義の発展の中で示された、商人資本、産業資本、金融資本という、資本の蓄積形態の質的変化をともなう資本主義の段階的発展と、資本家的商品形態によって実質的に包摂されえないで、外的対立を構成することになる農業問題の顕現とによって、その誤りが暴露されることになったのである。資本主義の発展を、産業資本の拡大による全面的資本主義化の過程として把握するこうした考えを、『資本主義発展一元史観』と呼ぶとすれば、レーニンもこの史観から自由たりえなかったのである。

農業問題の古典とされているカウツキーの『農業問題』（一八九九年）は、『資本論』を資本主義発展一元史観として解釈し、その正しさを一九世紀ドイツ農業のうちに実証しようとしたものであった。しかし、中農層の存続と増大という現実をまえにして、さすがのカウツキーも、修正派のように公然とではなく、なしくずしに中農層の増大を認めざるをえなくなったのであるが、それは、『資本論』と現実とに相即不離の関係しか認めない一元史観の立場からして、資本主義の発展過程で中農層が増大すると言う一般的命題を生みだすことになった。それでもなおカウツキーは理論と現実との不一致に苦しんで、やがて『農業問題』を絶版にしてしまったのである。それは、まさに資本主義発展一元史観の現実的破綻にほかならなかったといってよいであろう。

（中略）

（だがしかし――引用者）社会主義革命後にいたるまでの中央黒土地帯を中心とした農村共同体（ミール）の広範な存続、農地における私的所有の未完成、さらには地主所有地での『雇役』制度などに典型的に表現される、ロシア資本主義の特殊的農業問題は、あまりにも特殊的であるために、かえって容易にレーニンをして、封建制度の存続という外的事情にもとづくものと判断させたのである。したがって資本主義発展一元史観は、カウツキーのような複雑さを含むことなく、初期レーニンの著作で展開されることになった。

レーニンは、資本主義発展一元史観をさらに、『共同体』内部における商品経済の内生的発展・市場の形成・資本主義的両極分解を想定する『市場の理論』……に図式化し、ほぼこの図式にしたがって、ロシア資本主義を分析していった。

一八九九年に完成した大著『ロシアにおける資本主義の発展』がそれである。『小農耕者が農業企業家と農業労働者にわかれてゆく過程』を明らかにしながら、レーニンは、『この（農民層の――引用者（この引用者は渡辺））分解が現在すでに完成された事実であること、農民層は対立する諸群に完全に分裂したこと』を実証しようとしたのであるが、ここでロシア農業の特殊問題にゆきあたる。『わが国の農村の経済で農民層の分解をはばんでいる……重要な現象は、賦役経済の遺物、すなわち雇役である』。雇役とは、地主経営地の『付近の農民が自分の農具で（地主の――引用者

（＝渡辺））土地を耕すことにあり、その場合の支払い形態は（……貨幣による支払いであろうと、……生産物による支払いであろうと、……土地または土地用役による支払いであろうと）この制度の本質を変えるものではない。雇役は賦役経済の残存物である』というものであった。

つまり、一八六一年にはじまる農民解放の過程で、次第に農民地として画定しはじめた『分与地』だけでは農民は生計を維持してゆくことができず、地主所有地の小作をしなければならないという事態を、レーニンは、『雇役制度』＝『賦役経済の直接の残存物』と規定するのである。だが問題は、農奴解放の開始から十月革命にいたる半世紀のあいだ、なぜこのような制度が存続したのかということであり、それは『賦役経済の直接の残存物』という規定を与えても、決して解明されるものではなかった。

共同体的結合を強く残した農民層の存続とその窮乏化、それに基礎を置く雇役、こうしたロシア農業問題の解明は、『市場の理論』という資本主義発展一元史観の果たせるところではなかったといってよい」。こう渡辺はのべているのである。

つまりレーニンは農村共同体が窮乏化しつつその存在を維持するためにおこなっていた小作労働・「雇役」労働を、「賦役経済の直接の残存物」と規定することで、農耕共同体をまさしく封建共同体として性格づけ、資本主義発展一元史観にもとづいて階級分化的に解体してゆく過程にあるものと規定したということだ。あるいはレーニンの「資本主義発展一元史観」の方法論的立場からはそのように規定するしかなかったということだ。その規定の限界はこれまで見てきたとおりである。

●――「資本―賃労働」両階級への機械的分解の理論

ここで渡辺が指摘した農民層の資本家と労働者への両極分解論を概観しておこう。

「カウツキー『農業問題』の書評」（一八九九年）、「農業における資本主義」（一八九九年）、「農業問題と《マルクス批判家》」（一九〇一年〈第一～第九章〉、〇七年〈第一〇～第一二章〉）などの諸論文を見てもわかるように、初期のレーニンのマルクス経済学理解はカウツキーによって代表される第二インターナショナルの正統派の水準に拠るものであったといってよい。

例えばレーニンの「カウツキー『農業問題』の書評」（レーニン全集第四巻）では次のように展開されている。

「小規模農業は、大規模農業の競争者であることをやめて、大規模農業のための労働力の提供者に転化するときに、安定性をえるのである。大土地所有者と小土地所有者との関係は、資本家とプロレタリアとの関係にますます近づく」。「農業は、たえまない改変の状態、資本主義的生産様式一般を特徴づけているあの状態に陥った。『農業大経営――その資本主義的性格はますます発展している――のもとにある広大な土地、借地や土地抵当の拡大、農業の工業化、――これらのことは農業生産を社会化するための地盤を準備する要素である』……社会では、一つの部分はある方向に発展し、他の部分は反対の方向に発展すると考えるのは、不合理であろう、とカウツキーはおわりにあたっていっている。実際、『社会の発展は農業でも工業でも同じ方向にすすんでいる』」。

「現代社会における進歩的活動がなしうることは、資本主義的進歩が住民に与える有害な作用をよわめ、この住民の自覚と集団的自己防衛の能力とをつよめるように努力することだけである」（原書八一～八三頁）。

農村のブルジョアジーとプロレタリアートへの階級分裂は不可避だと言っているわけである。この場合、問題は、例えば中農の存在がどうあるかが問題になるだろう。

カウツキーは『農業問題』（岩波文庫、一九四六年、向坂逸郎訳、原著一八九九年）では次のように言っている。

「中農の階級は、農業的人口の総ての商品生産的階級の中で、賃金労働者の欠乏によって悩まされること最も少ないものであるが、その代り近代の農業上に増大する他の負担の下に最も多く悩むのは、まさにこの階級であるのだ！　中農は高利貸や中間商人による搾取の主要目的である。貨幣租税と軍務とはこれに最も酷く当る。彼の土地は最も多く地力の枯渇と乱耕にさらされる。そして、かゝる経営は商品を生産するものの中最も非合理的のものに属するが故に、それは、最も甚だしく、競争戦を超人間的の労働と非人間的の生活方法とによって遂行するところの経営である。……なほこれらの農民を、その比較的には大きな所有地が郷土につないでおく。だが、ただ彼等だけであって、その子供はもはやつながれてゐない」。工業へ・都市へ・軍務へと向かう。そして、「中農の家族は小さくなり、それだけにたゞわづかに経営を進めて行くにも足りなくなり、それだけ農業労働者がこゝでも演ずる役割は大となり、且つ、それだけに労働者問題も、他の障碍と共に、この段階の経営にも著しくなる」（上巻、三九三～三九五頁）。

つまり農村のブルジョアジーとプロレタリアートへの階級分化は中農の没落とともにすすむと論じたのである。しかし、そのことが実際あった国となかった国とがあった。このことは、これまで見てきたとおりである。

まさに後進国の原始的蓄積は、後進国が市場的・産業的に中心国・先進国の国際的下部構造化（原料・農業国化）する中で、工業化の限界・限度に規定される。まさに、後進国では、工業化は、全面的ではなく中間的・部分的・変則的にしかおこなわれず、工業化のための労働力の必要性は限定的なものとなる。つまり原始的蓄積の必要性は限界を描くので、農村部には常に過剰人口が形成される。これによって、農村の階級分解は進まず、ロシアにあるような農耕共同体はむしろ、過剰人口を吸収して存続し、むしろ、地主と農民共同体との矛盾を深めることになる。

つまり、レーニンの「商品経済の法則→単純商品生産者社会の措定→社会的分業の発展→商品経済拡大→貧富格差→富者への生産手段の集中→農村の階級分化」という商品経済拡大史観モデルは――そもそもこの商品経済史観は原始的蓄積過程を分析視覚から忘却しているのであるが――、後進ロシアでは、少なくともそのままの形では、そして全面的には展開しなかったということになるわけである。

●――左派ナロードニキから見たロシア農耕共同体問題の全体像

さてここで話は終わりなのではない。このロシア農耕共同体が、一九一七年ロシア革命以降の時期を含めてどのように展開したかが、次に重要なポイントになる。

この共同体論の一番広いウインドウをあけることにしよう。長文になるが、ここで左翼エスエル指導部の一人でボリシェビキとの連合政府＝人民委員会議の司法人民委員だったI・スタインベルク（第二次大戦後まで生き残った）『左翼社会革命党一九一七―一九二一』（鹿砦社、一九七一年、原著一九五五年）の「第一九章　ロシアの農民」（二三〇頁以降）より、ロシア農業農民共同体問題のポイントとなると考えられるものを引用する。（１）などの番号と見出しは引用者でつけた。

（１）ロシア農耕共同体

「ロシアの農民は、オプシチーナあるいはミールと呼ばれるその土地共同体の根深い諸伝統を革命にもちこんだ。農民人口の五分の四までが、オプシチーナの構成下にある土地で、その諸原理に従って働いていたのである。

この制度の主要な原理とは何であったのか？　第一は、土地の共同所有権、第二は土地に対する全農民の権利。第三はオプシチーナにおける共同体的管理運営。（中略）農奴であった時ですらも、農民たちは確信に満ちてこう言うのであった。『わしらは御領主様の物だ、けど土地はわしらのものさ』と。

彼らはオプシチーナに所属しており、そのことは、一種の直接民主制である農民スホード即ち、村の寄合であらゆる決定がなされることを意味していた。オプシチーナは、その成員の間での種種の土地の配分を決定した。どの農民も自分と自分の家族が耕作するだけの一片の土地への権利を有していた。この意味において権利の平等は広く行きわたっていたのである。新たな世代のためではなく（相続はできないという意味――引用者）、すべての者にこの権利が保証されることを確保するために、定期的な土地の割替が行われた。そしてこの習慣が、土地は『わしのもの』ではなく、皆のものだ、といった農民の信念を増大させたのである。かくしてこの土地に対する権利というものが、農民経済が、ただ、『売却、購入、そして相続』に立脚しているにすぎない国々とは異なった社会的倫理的風土と社会的諸関係の体系とを創りあげたのであった。

なるほど、オプシチーナは、ツアーリ政府とその徴税政策の重圧のもとに置かれてはきた。だが上からの圧迫は、その内的な様式を変化させることができなかった。一九〇六年、ツアーリの大臣ストルイピンは、農民にそのオプシチーナより離脱する『自由』ならびにひとつかみの土地の私的所有者となることを認める有名な仕事を布告した。その目的とするところは、新たな何百万という小ブルジョア的農民階級を創り出すことによって、くすぶりつつある革命の焔を消しとめることにあった。しかしながら、この機会に乗じてオプシチーナを破壊しようとした者はほとんどなく、しかも一九一七年に革命が勃発すると直ちに、多くの者が自発的にそこへ帰っていったのであった。これこそ、ロシアの農民たちが偉大な動乱に対して献げた共同体的生活経験という社会的精神的資産だったのである。それは農村だけに行きわたっていたのではなく、ロシアで一般的であった協同組合運動の中にも見うけられた。ロシアの職人たちもまた、その多数が都市の工業労働者となる以前は、アルテリという労働組合に広範に組織されていたのである。良きにつけ悪しきにつけあらゆる機会に、彼らは、農村におけるオプシチーナの都市版であるアルテリの原理へ引きつけられたのであった」。

（2）土地社会化法の成立（一九一八年一月）

「ロシア農業革命の先触れとなった土地社会化法についてさらに注意深く検討してみよう。この法令は、はやくも一九一七年五月、ペトログラードにおける第一回労農大会でその大要が定められていたのであった。（中略）この作業は、第三回農民大会が（ペトログラードにおいて）初めて第三回労働者兵士ソビエト大会と合同で開催されていた一九一八年一月に完了した（この大会で採択された――引用者）。九〇〇名のプロレタリアートの、そして六〇〇名の農民の代表が、ロシア勤人民の統一を、《レーニンとスピリドーノワ*の握手》に象徴される統一をうちたてたのである」。

*マリア・スピリドーノワ。左翼エスエル最高指導者。一九一七年一〇月革命以降の農民ソビエトの議長。スターリンにより一九四一年九月一一日、メドヴェージェフスキーの森で銃殺刑。享年五六歳。

「『彼らの最終的な条文は以下のようなものとなった。「土地、鉱石、水、森林もしくは他の天然資源に関する種種の所有権（国家的所有もふくめて！）はロシア・ソビエト連邦共和国の領土において永久に廃止される。』

この冒頭の宣言に、全ロシアを新たなる土台の上に組み立て、土地総割替（チェールヌイ・ペレジェール）即ち全面的土地再分割という農民の長年の夢を実現した一群の条項が続いた。引用されているのは第二、三、四条である。『土地は、無賠償で全勤労者の使用に供せられることになる』『土地の使用権は、自らの手で労働するもの（つまり、賃労働を雇用しないもの）にのみ属するものである』『この土地の使用権は、性別、宗教、国境もしくは市民権を理由として制限されてはならない』（中略）ゼムリャー・イ・ヴォーリャ（土地と自由）というスローガンは、もはや一国的性格を脱して、世界性を獲得せんと渇望していた」。

＊ただし、「模範農場」の規定にはソビエトが農場を「《国家》により支払われる労働で耕作する」規定、「《労働者統制》の一般的基準に従う」規定の両規定が併記されている（前者規定＝ボリシェビキ、後者規定＝左翼エスエル）ことに見られるように、この法をめぐって両者で論争がおこなわれたことは確認しておくべきだ（菊池黒光『十月革命への挽歌』、情況出版、一九七二年、二五一頁参照）。

（3）農民革命（一九一七～一九一八年五月）

「『実際に生じつつあった事態とは、村民による仲間うちでの土地の割替ということだったのだ。小地主や富農は、その土地の大部分を多くの子供をかかえた家族へ譲り渡し、不平を一言ももらさずに自ら滅びつつあった。一週間後には全員が耕作のために畑へと戻り、こうして再分割は完了したのである。』（著者スタインベルクによる、一九二三年の内にユーゴスラビアで刊行された雑誌『ルース

カヤ・ムイスリ（ロシアの思想）』でのレポートからの引用――引用者）

（中略）こうして一九一八年四月に、ロシアの農民たち――土地所有者たち――はその所有地を社会的精神的解放のための共同資金へと投げ出したのである。当時の彼らの支払った犠牲というものは、もう一つの事実――これも劣らず重要なことではあったが――すなわちロシアにおける封建的地主制の崩壊よりも、なお重いものだった。

（原注）『一九一七―一九一八年の期間に、共同体（コミューン）によって再分割のために没収された土地の総面積は農民からのものが約七〇〇〇デシャチーナ（一億八九〇〇万エーカー）そして大土地所有者からのものが約四二〇〇デシャチーナ（一億一四〇〇万エーカー）と見積もられていた。大領地からよりも、農民の所有地からより多くの土地が取り上げられ《貯えられた》（プール）のである。（以下略）』（著者スタインベルクのディヴィット・ミットラー『農民対マルクス』よりの引用文――引用者）」。

（4―A）　レーニンの食糧独裁令（一九一八年五月一三日）

「一九一八年の春、ブレスト＝リトフスク講和条約締結直後のことであった（左翼エスエルは講和反対で人民委員会議（政府）から脱退。ソビエトには議員が存在する――引用者）。我々は、このいわゆる講和がロシアに、とりわけ都市部に深刻な衝撃を与えたことをすでに知っている。それは、新たな困窮、飢え、政治不安をもたらしたのであった。ドイツ人は食糧生産地域の広大な部分を占領し、中央ロシアをその供給源から切断していた。政府は、力づくで農民からパンを徴発することを決定した。

ボリシェビキはこれ以上ひどい厄災を呼び寄せることはできなかったであろう。農村は、その精神的熱狂の再高揚期を通り過ぎたばかりであった。農村は自己を地主のくびきから解き放っただけではなく、その日常生活における経済的・社会的平等化への基礎をも築いたのであった。（中略）人民にとって必要不可欠な商品の生産者である農民が、都市の工業労働者との友情の絆をすぐにも創りあげるのは、当然のことと思われていた。その時になって突然、ボリシェビキ国家は、彼らに対して何か階級闘争の如きものをしかけたのだった（五月食糧独裁令のこと――引用者）。

農村そのものにおいて、ボリシェビキ――再びその旧式の理論（カウツキーに影響された「小ブル＝農民層の資本家と労働者への階級分化・両極分解」の教条的な理論――引用者）へと後退した――は、勤労農民に、《小ブルジョア》、商売気や私的取引や本来的貪欲さにかぶれた人間という烙印を押しつけた。彼らはほんの少し残っていた《貧民》を圧倒的な農民大衆に敵対させるために組織した、つまり彼らは《貧農》のソビエトを設立したのである。こうして彼らは、自らの手で新たな革命的農村の基礎を破壊することに着手した。

けれども、それでさえも十分ではなかったのだ。彼らは何千人という特別に組織された工業労働者を《パンの徴発》のために農村へと送り込んだ。本書の他の章、とくに「ボリシェビキ・テロル発動す」は、これらの部隊――これは抵抗する農民たちに対する懲罰遠征隊にしばしば早変わりしたのだが――がいかにそのプロレタリア的参加者を堕落させ、信じ難い残虐行為へと導びいたかを詳述している」。

（4―B）　スターリンの農業集団化（一九二九年〜）

「都市への一層迅速なパンの供給を保証するために、政府は農村における経済組織の新制度を布告した。――コルホーズ（集団開拓地）およびソフホーズ（国営農場）である。ソフホーズは《実際にはパン製造工場》とでもいうべきものであった。

即ちそれは、巨大な土地を中央集権化された擬似産業体に転換したものであり、そこでは農民は賃労働者として働くこととなっていたのである。コルホーズは、共産主義的精神で共同の農業単位を確立するためのものと主張された。けれどもそうした精神は、かつて土地革命を鼓吹したオプシチーナ精神とは天と地ほどにも異なっていた。それは農民の自由な決定と国家の強制との間の差異であり、農民たちの中から生まれた共同性と上から押しつけられた統計学的官僚主義的平準化との差異であったのである。

ボリシェビキ的な農業形態の中では、ロシア農民の固有な伝統は、もはやいかなる役割をも果たさなかった。今よりのち、農民は（その軍務に加えるに）都市にパンや他の原料を供給するための物理的経済的道具という存在にすぎなくなったのだった。旧きマルクス主義的処方箋が、今や武装せる国家権力の援助の下に、到る所において勝利を収めていた」。

以上がスタインベルクの分析と主張だ。

●——廣松渉の「食糧独裁令」に対する分析

ここで、哲学者廣松渉の『マルクスと歴史の現実』(平凡社)での分析を見よう。

一九一八年、内戦のさなか「ロシアでは、五、六、七の月三ヶ月間は端境期にあたり、穀物が市場にほとんど出荷しません。土地革命で小規模自作農化した農民たちは、戦争と革命で商品経済が低迷し、穀物を売っても買う品物がない状態になっていたこともあり、穀物を売りに出そうとはしません。講和条約の締結がもたついていた間にウクライナその他の穀倉地帯がドイツ軍に占領された関係もあって、都市での食糧危機は深刻です。政府としては、とりわけ中央農業地帯とヴォルガ河流域から穀物を調達するしかありません。ところが、この両地域は農民革命の主舞台となった地帯でもあり、エスエルの拠点でもありました。左翼エスエルは穀物調達の地方分権化や公定価格の引き上げによる解決策を提議しました。しかし、政府は『貧農委員会』の組織化、『穀物の貯えをかくす農村ブルジョアジーとの闘争』を指令し、『食糧徴発隊』を中央から大挙農村へと派遣してことに当たらせました。いわゆる『食糧独裁令』の施行です。左翼エスエルは『勤労者共和国の基礎をなす二つの勢力、すなわち勤労農民とプロレタリアートが相互にけしかけられる危険』を警告して断固反対しました。現に、食糧徴発隊と現地農民との武力衝突、農民叛乱が各地で起こりました」(二二一〜二二二頁)。

こうした〈強権の行使〉を「階級闘争」と称して展開することをつうじ、ボリシェビキに外在化し、かれらとは独立したヘゲモニーをつくりだしていた農民革命勢力を、ボリシェビキは解体していったのである。

●――食糧独裁令に対する左翼エスエルの闘い

廣松が展開した観点を参考にしつつ、ここでは左翼エスエルに内在した視点を見ることにする。左派ナロードニキであり、農民ソビエト議長マリア・スピリドーノワを最高指導者とする左翼エスエルの、ボリシェビキとの闘いを見ることにしよう（以下の年表は次の文献に準拠するものである。加藤一郎編『ナロードの革命党史――資料・左翼社会主義者―革命家党』、鹿砦社、一九七五年、三〇九〜三一〇頁。この文献には左翼エスエル党の綱領（草案）が全文掲載されるなど、資料価値の高いものとなっている）。

【五・一三】食糧独裁令公布。

【五・一四】全ロシア執行委員会、モスクワ・ソビエト、労働組合と工場委員会代表者合同会議で、カムコーフ（左翼エスエル指導者）ボリシェビキの対外政策は「革命の漸次的圧殺」であると非難。

【六・一一】カレーリン（左翼エスエル）、全露中央執行委第一九回会議で貧農委員会の組織化を批判。

【六・一六】左翼エスエル党中央委員会決定「勤労農民層の不自然な階層分化に帰する有害な方策の実施にたいして、中央と地方で断乎とした形態で戦うことを、左翼エスエルとマクシマリストは声明する」が、左翼エスエル機関紙『ズナーミャー・トルダー』（勤労の旗）に掲載さる。（レーニン・ボリシェビキの「農民層の階級分化・両極分解」論の教条と、農民層に対する「クラーク」のレッテルに対する非難）

【六・二〇】左翼エスエル党中央委員会指令「全党組織は国外国内反革命との闘争のための武装義勇隊を党委員会付属として設立せよ」。党中央委員会付属全ロシア戦闘団総司令部設立。

【六・二四】左翼エスエル党中央委員会、ブレストリトフスク講和条約（三・三調印）による息つぎを即時終結させるためドイツ帝国主義の代表者に対してテロルを組織することを決定。

【六・二八〜七・一】左翼エスエル第三回大会（モスクワ）、ブレスト講和、死刑の適用、国家行政の中央集権化に反対する決議採択。

【七・四〜一〇】第五回全ロシア・ソビエト大会（ボリシェビキ七七三名、左翼エスエル三五三名など一一六四名）

【七・六〜七】左翼エスエル戦闘団のドイツ大使・ミルバッハ暗殺を合図に、左翼エスエル・モスクワ蜂起。

モスクワ蜂起はブレストリトフスク講和条約に反対し、対独徹底抗戦に突入することを目的とするものだったが、それはこれまで読んできたように、左翼エスエルとしては、ドイツ軍がウクライナをはじめとしたロシアの穀倉地帯を占領していることに対する闘いの呼びかけであり、ドイツと講和し農民から農産物を徴発しているボリシェビキに対する農民革命勢力による抵抗権の発動としての主張をもったものとしてあった。

この七月蜂起によって左翼エスエルは赤軍に鎮圧され非合法化されることとなった。なお、この七月蜂起に反対して結成された左翼エスエル内の二つの分派（ナロードニキ共産党、革命的共産主義者党）は、その後、ボリシェビキ党に入党している。

●――スピリドーノワのボリシェビキ党弾劾演説

ここでもう一度、左派ナロードニキの主張を、今度は、スピリドーノワ自身の言葉で確認しておきたい。

第五回全ロシアソビエト大会では一九一八年七月四日、スピリドーノワがボリシェビキに対する弾劾演説をおこなった（前掲『ナロードの革命党史――資料・左翼社会主義者―革命家党』、一七五頁以降の「演説」全文掲載からの抜粋）。

「同志諸君！　中央執行委員会に設置されている農民部の活動に関して報告することを許していただきたい」。「この布告（食糧独裁令――引用者）は、クラークにではなく広範な層の勤労農民にひどい打撃を与えている。もちろん、エスエル（右派のこと）がおしゃべりをしている。同志諸君！　ボリシェビキ、農民諸君！　マルクス主義の部厚い著作を手に取ってほしい。そうすれば、なぜ諸君たちに懲罰隊が派遣されているかわかるであろう（カウツキー・レーニンの「小ブル農民層のブルジョアジーとプロレタリアートへの両極分解・階級分解論」にほかならない——引用者）。

私は赤軍兵士隊が襲撃にきて、上からの命令で農村にパニックを持ち込み、余剰穀物をとりあげているが、クラークから取り上げているのではないという確固とした事実を持っている。（騒ぎ）農村にはソビエトが組織されている。そのソビエトはよく編成されており、農村では誰のところにどういったものがあるかを知っている。

だからわれわれが農民大会でも語っているように、ソビエトに事業を委任すべきなのである。農村は約九〇％を占める膨大な農民層と一握りのクラークからなっている。この農民群、勤労農民は賃労働によって生活しているわけではない。ツアーリはこの農民層の上に踵で立っていたのである。彼らは戦い、税を支払った。この勤労農民が、今、懲罰隊を向けられているのである。（中略）農民に対する政策に関する問題では、われわれはあらゆる布告に対して戦闘をしかけるであろう。われわれは地方で闘う。だから地方の貧農委員会（「農業賃労働者」をまきこんで組織したボリシェビキ委員会——引用者）は存在しえなくなろう」。「食糧独裁令は（ソビエトに対する——引用者）解散権を与えているから、農民代表ソビエトはほぼ解散されるという脅威の下で生存しているようなものである」。

「（ブレストリトフスク問題では）ボリシェビキ党は、降服に向かっており、すでに帝国主義にとらえられてしまっている。（中略）わが左翼エスエル党は、最後まで国際主義的でありつづけ、いかなる降服、いかなる和解にも応じないであろう。同志諸君！　こうした方策によってのみ、階級闘争を先鋭化させ、革命をその論理的帰結にいたるまで推し進めるという方策によってのみ、人民、農民と労働者の階級的本能は最後まで充実したものとなり、その後、われわれは社会主義、平等、友愛、公平の未来王国を勝ち取ることができるであろう」。

スピリドーノワはこの演説で、人民委員会議から撤退したことに伴い、ボリシェビキだけになった農業人民委員部の指令として、農村コミューンには資金を出さず、国家による賃労働を復活させていることを批判、少数にすぎないクラークではなく農民を苦しめている食糧独裁令を批判し、国家による死刑の復活に対し「ブルジョアジーの階級闘争の道具」である「死刑」に反対するとした。

左翼エスエルの七月モスクワ蜂起の基調的提起、意志統一の内容がここにあった。まさにドイツ軍の侵攻でどれだけの農民が打撃を受けているか、また食糧独裁令でどれだけの農村共同体が打撃を受けているか、左翼エスエルとしては、そういう国内外の農民抑圧に対する正義の蜂起、食糧独裁令とブレスト講和に対する抵抗権の発動、それがモスクワ七月蜂起の左翼エスエルが主張する意味であった。

それは一九二一年三月クロンシュタット叛乱にいたる――旧帝政派の「白軍」諸潮流との闘いの他方で――ロシア革命派内部の党派闘争の本格的なはじまりを意味するものに他ならなかった。

渡辺寛はレーニンの革命後の農業理論（「農業問題についてのテーゼ草案」（一九二〇年）など）について『レーニンの農業理論』（前掲）で、つぎのようにのべている。

「ここではごく簡単にその要点をのべておこう。十月革命を通して大土地所有者から土地を奪い取った農民は、そのなかから必然的に資本主義的両極分解の傾向を示すようになり、この傾向を客観的基礎として、農村でも階級闘争が展開される（レーニンとしては、これを「労農同盟」にもとづくものと規定していた――引用者）」。「この革命の重要な構成部分として、おもに富農にたいする穀物徴発を実施する――これがレーニンの戦時共産主義政策の基本的な考え方であったといってよいであろう。そしてこの考え方の基礎には、レーニンの経済学研究においてすでにすでに定式化されていた、現物経済→商品経済→資本主義経済の内生的発展を説く市場の理論があった。市場の理論によれば、農業においても工業と同じように商品経済はたえず生産者の両極分解を通して資本主義経済に転化するはずのものであった。そしてこのような理論にもとづいて、革命後ロシアの農村においても両極分解の傾向が進展していると主張したのである」（二三四頁）。

そういう論理のもとに、戦時共産主義の下、食糧独裁という、農村に対する「赤色テロル」が吹き荒れたのである。これに対し、一九二一年、クロンシュタット叛乱をうけて政策転換した後の、ネップ期の経済政策では、農民にたいし戦時共産主義の「割当徴発」なるものから「食糧税」に転換し市場を復活させたのである。さらに、レーニン死後、スターリンの専制が開始されてゆく中で農業集団化へと展開してゆく。

●——スターリンによる農業集団化

農業の集団化を組織するに至った工業化路線は、そもそも一九二〇年代においてトロツキー派経済学者のプレオブラジェンスキーが『新しい経済』（一九六〇年代、現代思潮社から翻訳書が出た）などを書き、そのなかで「社会主義的原始的蓄積」を提起し、社会主義の「労働者国家」における、農耕共同体経済などに影響力を持った（国有工業化に対して独自の）市場的経済調整力の解体、農民層の労働者化と工業化のための農業に対する不等価交換の政策を提唱したことを始まりとしている。そこでこの不等価交換による工業化路線を主張したプレオブラジェンスキーと、プレオブラジェンスキーの考えに反対し、消費財生産に従属した工業化と「農民的農業」の育成等々の観点を主張するブハーリンとの間で、論争となったものである。当初、スターリンは、労農同盟の破壊だとしてブハーリンらとともにプレオブラジェンスキーに反対していたが、トロツキーを追放した後、この工業化路線の考え方を取り入れた。

ただし、プレオブラジェンスキーもトロツキーも、後述するようにスターリンがやったような強権的な農業集団化には反対していたことは、確認しておかなければならないだろう。

不等価交換の手法は「取引税」である。

「取引税」システムは、工業化のための不等価交換、間接税などから形成される。例えば国家の穀物調達組織が農民から買い取ったライ麦価格をその買い取り額の例えば四倍の金額で国営製粉所に売り、それで得た収入を工業化にまわす。この場合、買い取りには低価格が強制されたため、これが実質的に税の機能を果たしていた。

さらに農業の集団化はそれによって生成した過剰人口を工業労働に組織してゆくことになったのであり、それは、ボリシェビキの近代生産力主義・開発独裁としての工業化論においてはまさに、必然的な過程にほかならなかったのである。

こうした経緯のもとで、スターリンは一九三〇年代初頭、オプシチーナ、ミールの解体を強行したのであった。

渡辺寛はのべている。

「スターリンが粗暴な両極分解論に拠って、『階級としての富農の絶滅』を命令し、富農の生産手段（土地、生産用具）の集団農場への没収をすすめるにつれて、それは農村住民に恐るべき影響をもたらした。富農とみなされ土地を没収され追放されたもの、およそ五五〇万人の多くはシベリアに追放され」た。「富農と中農を区別することは実際には困難」であり、中農にも追放はおよび、中農は、自分たちの家畜を大量に殺処分して富農ではないということを表明せざるをえなかった（前掲『レーニンとスターリン』、一九四頁以降）。

「三二年にはロシアの農地の七割は集団化され、穀物生産も二八年に対して二割以上の増加をみせた」。だがスターリンは、「三二年の集団化計画の完了とともに」第一次五カ年計画のなかで、富農とその支持者がコルホーズとソフホーズに紛れ込んでいるから、摘発せよとして、三〇年代における大テロルの時代、国内粛清の時代を展開していったのである。ロシア農耕共同体を破壊した近代は、資本主義ではなくてこれまでみてきたように、ボリシェビキだったのだ。

終章●

「価値法則の廃絶（コミュニズム）」とエコロジズム

本書論述のスタンスについて

終章として本書の内容上のまとめをしておこう。

序論「フクシマ三・一一事態と『赤と緑の大合流』——二〇一一年震災以後の生き方を教えるいだもも廣松渉の反原発論考」は、原発震災直後に他界したいいだももと、一九九四年六〇歳の「若さ」でこの世を去った廣松渉が、生前、原発をいかにどのように批判していたか、そこから学ぶことをとおして、原発問題をはじめとする近代生産力主義の問題を如何に考えるか、その方法論を探求しようとしたものである。ポイントは二つある。一つは、通念的な「赤＝コミュニズム」には生産力主義の側面があるが、その側面は生産力が近代工業生産力の継承であり、その生産力の国有化による平等な分配を命題としている。しかしその近代工業生産力には、それが生み出す、廃物・廃熱＝エントロピーの問題があり、その環境負荷の問題をはじめとして、生産力の無限の発展にたいする〈制約〉、つまり、赤の生産力主義に対する緑的制約という問題が存在しているということだ。したがって、赤は、その緑的制約にしたがって、生産・生活の質を、近代工業化の価値観から転換する必要があるという課題が一つ。

もう一つは、近代資本主義の市場経済は、「エントロピー収支」を、生産・流通・分配の計算には含んでいないし、市場と利潤の増大にすべてを傾注している。環境破壊で、いったん事故が起これば莫大な被害を発生させる原発も、危険性よりも、それが、利益につながるなら、どんどん作ることが目指される以外ない。これに対し、社会主義ではエントロピー計算を一つの軸として、環境破壊を生み出すような経済から転換しなければならない。そこで、原発を推進しているようなかつてのソ連や現在の中国における国家生産力主義を批判する必要があるということにほかならない。

このような原発の推進政策の継続は福島第一原発でメルトダウンの核事故が起こった後でもなされてきている。政府の経済産業相の諮問機関である総合資源エネルギー調査会が原発を「重要なベース電源」と位置付ける、新たな「エネルギー基本計画」の原案を二〇一三年年末に発表した。その後、政府は、原発を「重要なベースロード電源」とし、東京電力が柏崎刈羽原発の、中部電力が浜岡原発の再稼動に動き始めている。さらに、ベトナム、アラブ首長国連邦、トルコ、ヨルダン、ポーランド、ハンガリー、チェコスロバキアなどへの原発輸出を推進している。こうした、動きは、まさに日本国内の原発を巨大なゴミではなく資本設備としてあくまで稼働させ続け、資本主義市場経済の価値を生む富として原発を展開していこうとしていることにほかならない。こうしたことに対し工業化文明としての原発、資本主義市場経済の富としての原発というものを如何に廃炉に追い込んでゆくかを考える。原発をはじめとする巨大な地球破壊・環境負荷からの解放を展望するきっかけとして、いいだもも、廣松渉の反原発論考から学ぼうとするものだ。これが本書の出発点となる話である。

第一章「人間生態系の破壊としての原発事故——『成長の限界』の限界」は、福島第一原発事故の強度とその拡大とを見てゆくことで、放射能汚染が、他の環境汚染とは違う特殊性をもっていること、化石燃料の消費によるCO2の排出とは全く違う意味をもっていることをまずは、確認するものである。それは、経済学的には次のことを意味する。化石燃料の消費による環境汚染では、人口と資本の幾何級数的増大を緩和し、さらに、それを阻止してゆく方向で経済活動の在り方を変えれば、汚染は軽減してゆく。つまり、経済政策の側から積極的に汚染を減少させてゆくことができる。これに対し放射能汚染は、放射性物質の半減期（セシウム一三七なら半減期は約三〇年）に、決定的に規定される。それは放射性物質が「核力」により形成されたものであり、それは、人間の科学力では分解することができないということに依存している。経済政策は、この放射性物質の性格に決定的に規定される。そのことは、人口と資本の幾何級数的増大をともなわない条件の中でも、ひとたび核事故が起これば、福島第一原発の今回の事故のように放射能汚染は発生するということを意味している。

そしてその被ばくが、人間にとって如何に深刻な被害を生むかをレポートした。それは経済政策の変更ではとても改善できないものである。というか、それとは別の問題なのである。核の問題は経済政策やエネルギー政策の問題ではなく、エコロジカルに言えば人間生態系の問題であり、市民社会の価値観に基づけば人権問題にほかならないのだ。

そこで問題になるのは、ローマ・クラブ「人類の危機」レポートとして環境汚染に警告を発した『成長の限界』の問題点にほかならない。この『成長の限界』は、著者も、そこから多くを学んだものであるが、核エネルギーの問題は、このレポートでのシミュレーションからは排除されているということである。そこでは本章本論でとりあげられているように、「核エネルギーの生態学的影響はまだ明らかになっていない」とのべているのだ。この立場は、『成長の限界』が発表された二〇年後、同じチームが行なったシミュレーションモデルである『限界を超えて』にも貫かれたものにほかならない。つまり、これらのシミュレーションのシナリオは、経済政策が主体となって変化できるモデルしか想定していないのである。これに対し放射能汚染の特殊性を明確にし、経済的な効率性の如何にかかわらず、地球生態系を防御する問題として、原発―核開発の一切の廃止、全原発の即時廃炉を立論するものである。なお注解として「『成長の限界』を読む」を付論した。

第二章「福島原発のアルケオロジー――原発の諸問題と『汚染者負担の原則』をめぐって」は、日本の原発建設のありようと、福島原発の建設までの経緯、原発が生み出す、被ばく労働や都会と遠隔地に作る差別の問題(事故が起こっても首都は「安全」などの棄民政策)、未来の世代への放射能汚染のおしつけなどの問題を包括的にとりあげている、さらに、そうした中で起きた、福島原発事故の様相を共有化しつつ、その被ばくに対する「〈汚染者負担の原則〉と、原発事故における諸問題を概括的に把握することをめざした。

『女性自身』(光文社)二〇一三年一二月一〇日号は、「これが『特定秘密』の正体だ。千葉県X市に核廃棄物処分場……」と題して、放射性廃棄物の処分場を千葉県に建設する計画を政府が秘密裏にすすめているという「独占」記事を掲載した。「地域の住民が知らないまま、核廃棄物処分場の建設に向けた計画が進行している」として、次のように書かれている。「千葉県Ｘ市。その市街地から、房総半島の中央部に向かって車で約一時間。山中を進み、幹線道路を外れた山間の道をさらに車を走らせると、山を切り崩して造成した広大な土地が広がっていた。――ここは、一般産業廃棄物の最終処分場として切り開かれた土地だという。面積は二〇万平方《メートル》超。東京ドーム五個分を超える広さだ」。ここが「核廃棄物の処分地としてリストアップされている」との経産省関係者からの取材データを書いている。さらに成立した秘密保護法によって、秘密とされ建設計画が進行されようとしているとの取材記事である。

この『女性自身』の記事から二〇日後の一二月三一日、今度は東京新聞が、「ＩＡＥＡと秘密指定条項、福島、福井　共有情報非公開に」とする記事を掲載した。このＩＡＥＡ（国際原子力機関）との「覚書」は、福島県が二〇一二年一二月、福井県が二〇一三年一〇月に交わしたものと報じられている。記事は「ＩＡＥＡはチェルノブイリ原発事故では『被ばくによる健康の変調はなかった』との報告書をまとめている。福島原発告訴団の武藤類子団長は『ＩＡＥＡはチェルノブイリの健康影響について情報隠しをした前例がある。福島も二の舞いになるのでは』と懸念している」と結んでいる。

放射能汚染の広がりにおいて政府は秘密保護法でもって情報を隠し、核の処分場建設の計画を隠してゆきつつある。こうしたＩＡＥＡをはじめとする国際原子力資本と、国家支配層の政策に対し原子力国家と闘う階級闘争の思想を構築してゆく必要があるというのが、本論の立場である。

第三章「グローバリゼーションと緑の地域主義――ラトゥーシュ〈脱成長〉論の価値論的解明」

は、グローバリズムと環境破壊との関連を、現在日本で問題となっているTPP問題に事例をとりつつ確認するところから論述した。グローバリゼーションで拡大した市場を緑の地域コミュニティの中に切断し、埋め込んでゆくというエコロジー戦略のための立論である。

もとより現在の資本主義の現状分析としては、単にアメリカとの関係ではなく、米中共存やドイツとアメリカの関係など、いわゆる「主要国」といわれている国々の間での経済的駆け引きや政治的摩擦などの分析が必要だが、それは本論の課題からは直接的には外部にある課題なので割愛した。この点、ご理解をいただきたい。

グローバリゼーションを寸断し地域のコミュニティの中に埋め込んでゆくという戦略は、ラトゥーシュによれば、資本主義の下で商品化されていた労働（力）・土地・貨幣の脱商品化を軸としている。資本主義はもともと、労働力の商品化によって、全面的に可能となった「商品による商品の生産」を基軸に、流通過程が生産過程をとりこむことで経済外的強制なしの自律的な経済構造を形成確立するにいたるところに確立した、経済社会システムである。その特徴は、資本の価値増殖にある。それはグローバリズムとして展開する資本主義そのもののことを指すと言ってよいだろう。それが本論でみるように多大な環境破壊を生み出してきた。したがって、このシステムを解体するには、労働力の商品化を廃絶し、それを土台に土地と貨幣の脱商品化を実現する以外ない。その方法論は本論で論述しているが、そのことを一言でいうなら、地域経済を単位としたコミュニティが独自の価値を創造することによって、土地を人々の間で共有し、貨幣を地域通貨化して独自に共有できるようにする公共空間としてのコミュニティを創造することに他ならない。

ここからは、本論著者の考えになるが、こうした考えは、マルクス経済学では、価値法則の廃絶という考え方とつながっている。これが本論のサブ・タイトルが「ラトゥーシュ〈脱成長〉論の価値論的解明」となっている所以である。まさに「価値論」の問題がここで課題となるのである。

この場合、価値法則とは、「単純投下労働価値説」にもとづく「等労働量交換」のことではなく、資本主義の経済法則として、需給関係に規定された労働力と生産手段の比例的配分を〈商品の生産に社会的に必要な労働時間〉によって規制する原則のことであり、この価値法則が基準となって資本の価値増殖運動（＝まさに資本主義）がおこなわれることになるのである。

そこでは、労働力商品化がこのシステムの起点であり、この価値法則の廃絶は、労働力商品化の廃絶＝労働者の生産自治を出発点とすることになる。

この価値法則の廃絶を機制としつつ、つまりそれを制度設計の条件としつつ、グローバリズムを地域経済のコミュニティの中に埋め込んでゆくことが可能となる。また例えば、価値法則の廃絶はそれだけでは、コミュニズム社会の実現課題としてある労働の解放の一つである、属人的に固定化された分業労働の廃止（詳しくは拙著では『アウトノミーのマルクス主義へ』社会評論社、二〇〇八年、二〇〇頁以降参照）や、生産の質のエコロジズム的コントロールなどを直接には意味しないが、その起点となるものだ。

こうした地域経済の実現課題として、脱原発—全原発廃炉といったことも、恒常的な政策として推し進めてゆくことができる。福島原発の核事故などの処理はもとより、核廃棄物の処理は地域経済では絶対に無理なことであり、その運営は、その議会において否決される以外ではない。

最後に、ラトゥーシュの主張として、地域コミュニティー（この場合はロシア農耕共同体）を革命戦略として生かそうとしたマルクスの展望に、マルクス死後、エンゲルスが懐疑的になったことなど、私の用語でエンゲルスに淵源する近代派マルクス主義の展開が、ラトゥーシュによって批判されていることに言及した。それは本書第六章と直接関係のあるものとしてある。

注解として「降旗さんの近代批判から学ぶ」と題する、経済学者降旗節雄の他界に際して、社会評論社が作成した「追想　降旗節雄」に著者が依頼されて書いた、追想エッセイをおさめた。降旗節雄における近代的価値への批判の一つの方法論を紹介したものとして読んでいただけたなら幸いである。

第四章「〇八年恐慌と共同体主義の復権――資本主義景気循環と労働者の生産自治」は、二〇〇八年のサブプライム・ローン（の破産）を基軸的要因とするリーマンショックといわれた、まさに全米～全世界を揺るがした世界的な〇八年恐慌を分析し、同時にエンゲルス流の〈恐慌＝革命〉論では〈ない〉ものとして、資本主義景気循環という事そのものが、資本の労働に対する支配の産物であるという観点から、景気循環に対する労働者人民の主体形成を、「労働者の生産自治」として表明している。これが共同体主義の復権の、ひとつの契機となるというのが本論の主張である。なお非正規雇用問題、好況期の相対的過剰人口の問題、世界経済分析などについては、別稿での論述の機会を待ちたいと思う。

第五章「『労働力の商品化』をめぐって――いいだももによる梅本・宇野論争の分析から」は、第三章で展開した価値法則の死滅（廃絶）と、資本主義の価値増殖運動を如何に分析するか、その分析の方法論を論じた、梅本・宇野論争を取り上げたものだ。梅本克己はマルクス主義の哲学者、宇野弘蔵は日本マルクス経済学に独自の位置を占める宇野学派を形成した経済学者であり、二人とも新左翼の学生運動には人気があった人たちであった。この論争では、宇野の「純粋資本主義」の措定がポイントとなっていた。本論に詳解したとおり、宇野の経済学原理論とは、資本主義の原理を、資本主義の歴史的形成の過程を排除して純粋にその論理だけを原論化したものが宇野の資本主義原理論ということになる。これに対して、梅本は、そこから排除された歴史的要素の重要性を指摘する。

もともと、この原理論は、「原理論―段階論（重商主義、自由主義、帝国主義という段階に分け、その各段階の典型的なタイプを画期した国の経済構造を分析する）―現状分析（以上の二つにもとづき、各国資本主義とその相互関連を分析する）」という宇野三段階論といわれる方法論上の区別の問題としてある。

例えばある問題について、原理論に入れなかったから軽視するということではなく、この三つの段階で、どこで分析するか、その分析視角の合理性・妥当性が課題となるわけである。それは方法論上の問題であり、宇野は、「純粋資本主義」から排除した歴史的形成の過程に関するものを決して軽視などしてはいない、というのが、宇野派の主張となる。こうした資本主義の本質をめぐる論争は、価値法則の廃絶をめぐる問題の基礎的なバックボーンをなすものと考える。

第六章「ロシア農耕共同体と世界資本主義」は、現代の農業協同組合のラジカルな位置づけを考えるうえで、一九～二〇世紀の経験から学ぼうと、計画されたものである。そのポイントをいうならば、マルクスの「共産党宣言ロシア語第二版序文」「ザスーリッチへの手紙」などに見られる、ロシア農耕共同体がヨーロッパのプロレタリア革命と結合するならば「共産主義的共同体」建設の出発点となることができるという革命思想を、近代主義的に否定（市場経済化による農耕共同体解消論）したのがボリシェビキだったと著者は考えているということだ。

また、そのレーニンの所論はナロードニキとの党派闘争として書かれており、本論で展開したように農村部におけるボリシェビキとは独立した政治的ヘゲモニーとの闘いという政治主義的側面を内包するものにほかならない。そのロシア農耕共同体問題に関して必要と考えられるものを論述した。

本書第三章の最終節に紹介したように、ラトゥーシュもこのマルクスの共同体論に賛成しており、このロシア共同体への評価に懐疑的になったエンゲルスを批判している。

ここではマルクス主義の近代主義的歪曲（資本主義市場経済の拡大による農耕共同体の解消論、生産力主義的近代化肯定論、開発促進論、国家権威主義、ショービニズム的な「唯一の前衛」思想など）の払拭、なかんずく、レーニンらロシア・マルクス主義からのテイクオフ、左翼思想のパラダイムチェンジを課題とするものである。その一環として論述したものである。著者としてはレーニンにあっては「帝国主義本国の革命的祖国敗北主義」など、これからも、継承してゆくべき思想は存在するが、その近代主義的な側面は克服すべきだと考える。まさに左翼思想のパラダイムチェンジは歴史的な課題だ。

そのパラダイムチェンジは、〈経済成長主義〉を前提としてきたメンシェビキ主義（近代民主主義）

や社会民主主義の方へではなく、〈脱成長〉の「緑の地域主義」や、それを基礎としたラジカルな共同体運動の方へと向かうことが望ましいというのが本書著者の立場であり、そうした観点からは、農耕共同体などの社会的共同体を継承するという観点が、ぜひとも必要だと考えているということだ。

そういうものとしてロシア農耕共同体をめぐる様々な問題と、その経験から学ぶということを課題としたものである。

ロシア農耕共同体の分析をめぐっては、本論に詳解したように、〈社会的労働実態〉と〈市場〉は、あくまで別物だということが、経済学的にはポイントになる。それは本論で、とりわけ、宇野弘蔵のマルクス経済学による「商品経済史観」批判を援用しつつ論述した部分をとくに重点的に読んでいただければ認識できるところだと考える。

本論で詳論したレーニンの「いわゆる市場問題について」などの近代主義的な農耕共同体解消論に対する批判のポイントを、テーゼ風にまとめたものを書いておくことにする。

【レーニンの農業理論の総括】

(1) レーニンの農業理論は商品経済史観（本論参照）にもとづいた概念化され、実体化された「市場」（なるもの）の理論であり、

(2)「商品経済の諸法則」が、農耕共同体を必然的に解体するとしたが、

(3) 後進ロシアの資本の原始的蓄積の特殊性・部分性——世界資本主義中心部に対する原料供給国としての性格などから農耕共同体は存在することになる——に規定されて、実際は、農耕共同体

は分解しなかった。

(4) レーニンの市場理論は、「原始的蓄積」(社会的労働実態)を基礎とする分析をはずしたために、起こったと経済学説的にはおさえられる。

(5) 思想史的には、レーニンの市場理論は本論にのべられているように、エンゲルス、カウツキーの諸論を継承したものである。資本主義では必然的に、農業はブルジョアジーとプロレタリアートへの階級的両極分解をとげるという資本主義の一つの傾向を実体化し、歴史の必然性の理論として、これを現実分析に形態論的にアテハメたものにほかならない。それは、「農民層の両極分解」ということを絶対の法則として考える観念をうみだしたところの近代化論、近代主義思想にほかならない。

(6) したがってそれは、西欧の資本主義の運命をロシアも負っているというものであった。それゆえ、それはマルクスの「共産党宣言ロシア語第二版序文」「ザスーリッチへの手紙」の思想、プロレタリア革命とミール農耕共同体の結合としての共産主義共同体建設の開始という思想とは、一八〇度ベクトルを異ならせたものとしてである。

(7) この「両極分解」論は、一九一八年以降のロシア内戦期において、ボリシェビキによって「食糧独裁令」をはじめとする農村での「階級闘争」、農民層の革命と反革命への分裂という構図と重ねあわされた。白軍との闘いとは別に、それは、富農(クラーク)対貧農という図式をつくったが、それが意味したことは、エスエル、左翼エスエルの牙城であったロシア農村部に対して、ボリシェビキ=「貧農」VSボリシェビキの言うことを聞かない農民(端的にいえばエスエル、左翼エスエルを支持した農民）はすべて「クラークか、その支持者」という構図をつくるのに役立ったということだ。

(8) この農村のボリシェビキ化を通じて、スターリンは農業集団化、官僚制国家への農業の収容を強行していったのである。

これらはあくまでも、経済学の一つの見解として論じているものであり、二一世紀現代のボリシェビキ運動への政治的な論難ではないことは確認しておきたい。さらに、ロシア農耕共同体問題の全体像について、左派ナロードニキの見解を多くのページを割いて引用・紹介した。

本書は全面的に宇野弘蔵（のスターリン主義批判）の系列のマルクス経済学を現代の分析に生かすことを一つの目的として企画されている。またそれは、ある問題を概念論的に整理する手法でなされており、経済学的にも「現状分析」的手法を中心にはおかないものとしてある。まずは経済思想の論述として、これらの内容を提出するものである。なお、「緑の地域主義」については、続編を刊行する予定である。

あとがき

前回の単著刊行以降のこの六年間、世界はあわただしく展開した。年間で一冊の単著の刊行であっても、もう次の年には、時代状況から書いたものでは古いといわれるぐらい多くの問題が勃発してきた。日本では、非正規雇用問題、右翼ファシストたちによるレイシズム・人種（民族）差別主義の醸成、福島第一原発の爆発、沖縄基地問題、従軍慰安婦問題の新たな展開、TPP加盟問題や中国・韓国との国境離島領有権問題、ヤスクニ問題等々である。アベノミクスなるものによる景気刺激策をつうじた経済主義的国民統合――それがどこまでうまくいくかは不明だ。二〇一三年一〇月の生活保護受給者は二一六万四〇〇〇人で過去最多となっている――が、集団的自衛権明記をはじめとした改憲への社会的前提条件をつくるものとして機能し始めている。国家安全保障会議（NSC）の下での、安全保障「基本法」などをつうじた「積極的平和主義」という名の軍事外交路線をおしすすめようとしている。そして「戦後」破防法体制の上に構築されようとしている「戦時」秘密法体制の問題がある。これらの分析は一つ一つを批判することが必要だが、理論的＝イデオロギー的な問題としては、ある一定の方法論的見地から、論述する必要があり、著者としても、その方法論的見地の構築をはじめているところだ。

本書のエコロジズムの問題意識は、著者が学生時代、一九七〇年代後半におけるスリーマイルアイランド原発事故に際して、日本における原発をとめろという闘いに参加したことなどをきっかけとしてはじまり、一九八〇年代、著者が季刊『クライシス』(編集代表　いいだもも)の編集委員をこの雑誌の第三期(一九八四年)から一九九〇年終刊までやっていた中で醸成されたものである。例えば、ロシア農耕共同体問題は、季刊『クライシス』一四号(一九八三年)冬号で、特集「マルクス死後百年」をやったとき、その企画の一つとして「マルクス・ショートガイド【マルクスを知るための一三冊の本】」というのが企画された、そこで著者が後期マルクスの「ザスーリッチへの手紙」を執筆担当したことに淵源する。二八歳のころの話だ。本書第六章の出だしの部分はまさにその文書を援用したものにほかならない。そこから、いろいろなことがこの「緑の地域主義」論を育んできた。具体的には書かないが「成田空港反対闘争」といわれている三里塚闘争に参加し、とりわけ長い年月にわたり援農を経験したのも、実践的にこの「緑の地域主義」論に反映されている。第六章に関する論述では、私が、左翼エスエルについて引用・援用した文献、『左翼社会革命党一九一七―一九二一』、『ナロードの革命党史』、そして『左翼エス・エル戦闘史』(いずれも鹿砦社刊)を読んだのは一九七〇年代中期であった。私はそのことを通じて、〈イデオロギーとして〉ボリシェヴィキを相対化(否定ではない)したのであった。

以上のような機会は、本論の六つの章いずれにもいうことができる。著者にとって社会運動こそが研究課題を豊富に醸成してゆく場に他ならない。いろいろな他者との対話のために作成したいろいろなノートやレジュメが、今回も論文執筆にあたって威力を発揮した。数々のアドバイスをいただいた方々にお礼を述べたいと思う。

グローバリズム―世界資本主義市場を地域のコミュニティのなかに埋め込んでゆくというエコロ

ジズムの戦略を機制として、単に政権が代わればくつがえるような脱原発ではなく、社会的価値観としての反原発、全原発廃炉（＝原発―核廃棄物―放射能汚染と闘う）ということを価値意識とし常識とした社会の創造をめざしてゆくことが、人類にとって必要である。なぜなら、人類は人間生態系の中でしか生きられないのだからであり、その環境負荷は今や、極限に達しようとしているからだ。そして二一世紀を原発事故の世紀にしないために、福島原発事故（まだ現在進行形）でおわりとするためにも、全力を挙げてその実現のための必要な取り組みを行ってゆくことが求められている。

とりわけ、放射能被ばくを、できるだけ可能な限り回避する取り組みは急務である。一人でも多くの人たちが、自分にとっても他者にとっても必要とされるいろいろな取り組みをおこなわれるように、していただければ幸いである。著者もそのことのために頑張ろうと思っている。

また、「緑の地域主義」については、終章でも書いたが続編を刊行する予定だ。

最後に、本書の刊行にあたって、その機会とアドバイスをいただいた、社会評論社の新孝一氏、松田健二社長に、心よりのお礼をもうしあげます。本論への理論的なご意見には時間の許すかぎりお答えすることをのべ、あとがきとすることにしたい。

二〇一四年一月吉日

渋谷要（しぶや・かなめ）

1955年京都生まれ。社会思想史研究。
季刊『クライシス』（1980年代）、季刊『理論戦線』『理戦』（1990～2000年代）に多数の論文を発表した。環境派マルクス主義者。エントロピー学会会員。哲学は廣松哲学、経済学は宇野経済学に学ぶ。著書に『国家とマルチチュード――廣松哲学と主権の現象学』、『ロシア・マルクス主義と自由』、『アウトノミーのマルクス主義へ』（以上、社会評論社）。『前衛の蹉跌』（実践社）。『ブントの新改憲論』（大崎洋筆名）などがある。共著に『近代の超克』（石塚正英、工藤豊編、理想社）など多数。

世界資本主義と共同体――原子力事故と緑の地域主義

2014年4月20日　初版第1刷発行
著　者＊渋谷要
装　幀＊後藤トシノブ
発行人＊松田健二
発行所＊株式会社社会評論社
　　　　東京都文京区本郷2-3-10
　　　　tel.03-3814-3861/fax.03-3818-2808
　　　　http://www.shahyo.com/
印刷・製本＊倉敷印刷株式会社

Printed in Japan